JN062026

〈第2版〉

現代社会を読み解く知

三浦　直子

師玉　真理 【編著】

小田切祐詞

学 文 社

執　筆　者

中畑　邦夫（なかはた　くにお）　神奈川工科大学非常勤講師（第1章）

比嘉　徹徳（ひが　てつのり）　神奈川工科大学非常勤講師（第2章）

＊師玉　真理（しだま　しんり）　神奈川工科大学基礎・教養教育センター教授（第3章）

布川　純子（ふかわ　じゅんこ）　神奈川工科大学非常勤講師（第4章）

佐藤　史緒（さとう　しお）　神奈川工科大学教職教育センター准教授（第5章）

三橋　大輔（みつはし　だいすけ）　神奈川工科大学非常勤講師（第6章）

山本　直子（やまもと　なおこ）　神奈川工科大学非常勤講師（第7章）

山田　博雄（やまだ　ひろお）　神奈川工科大学非常勤講師（第8章）

山本　崇広（やまもと　たかひろ）　神奈川工科大学非常勤講師（第9章）

室井　遥（むろい　はるか）　神奈川工科大学非常勤講師（第10章）

多田　庶弘（ただ　ちかひろ）　神奈川工科大学非常勤講師（第11章）

渡辺　演久（わたなべ　のぶひさ）　神奈川工科大学非常勤講師（第12章）

＊三浦　直子（みうら　なおこ）　神奈川工科大学基礎・教養教育センター教授（第13章）

＊小田切祐詞（おだぎりゆうじ）　神奈川工科大学教育開発センター専任講師（第14章）

（執筆順，＊は編者）

はじめに

目指したい教養教育

　学生が大学の教養教育でどのようなことを学んだら良いかという問いには，さまざまな答えが存在する。教える側の教員が永らく潜在的に支配されている一般的な考え方として，教養教育とは，諸学問における知識，理論，方法を体系的に学び取ることであるとか，あるいは特定の専門学科の学生にとっては，他分野の知識を修得することであるとか，果ては現代社会においては，教養は専門に徹することによってのみ体得できるというような考え方が存在している。

　さて，現代社会が求める効率性重視の観点から直線的に知識や理論及び技能の修得に重点を置かざるを得ない専門学校的な大学の教育方針とは一線を画し，自らの教育理念の中に人類の英知から生まれた諸学問を踏まえ，そこから更に批判的精神を拠り所とし，自由な探求を基調とした教育方針を掲げる大学もある。また民主主義並びにヒューマニズムの精神に裏打ちされ，人間としての思想や感情に支えられた教育を展開することが，大学の使命であるとする考え方も以前から存在していた。こうした考え方の精神的支柱にあるものは，人間を偏狭さから解放し，現代の広範な諸問題に対する総合的判断力を養い，かつ思想や立場の違いを超えて相互理解を可能にする教養教育の充実こそが，大学の使命であるとする信念である[1]。

　限られたキャパシティーの科目群しか設置できず，往々にして専門教育を1年次，2年次の低学年に押し込もうとする傾向が強く，近視眼的発想に陥っている大学が多いが，本来は納得のいく教養教育を経た後に専門教育を配置するレイト・スペシャリゼーションを採る教育体制こそ本格的な大学教育の在り方としては理想であろう。

　ところで，教養教育は永らく停滞を余儀なくされてきたという人々もいる。その根拠として，教養教育は，種の絶滅，地球温暖化問題，貧困問題，テロ，難民・移民問題，地域紛争，格差問題，エネルギー問題等の焦眉の急に対してほぼ無力であり，せいぜい個人的素養の糧ぐらいにしか存在理由がなく，新た

な展開を示すことができなかったことを挙げる人々もいる。しかし，深刻化する諸問題を一気に解決する魔法の杖を求めても，所詮無理な要求であろう。地球上の諸問題に立ち向かう姿勢の基底に，「市民性の涵養」を求めてはどうであろう。この部分の欠落こそが，人間社会の絆の弱体化，人間生活の質の低下，誤った指導者の選出，集団的自衛権，原発再稼動，武器輸出解禁等の一連の趨勢に結び付いていると思わざるをえない。ボイヤー（Boyer, Ernest L.）の言葉を借りれば，「視野，経験，知識，感度の拡張こそが，教養教育の真髄である[2]」。

「個人的修養」を発想とする教養教育から脱皮して，「市民性の涵養」の理念に基盤を置く「集団の教養」に活路を求めてはいかがであろうか。「個人的修養」に止まる教養教育は，主体性を失った世論，悪しき慣習，誤った常識への固執，権威への無批判的かつ盲目的な追従に陥りがちであり，「市民性の涵養」に力点を置く教養教育は，科学性，社会性，批判性の発展を目指す教育である。こうした発想を拠り所とした教養教育は，さらにリベラルな発想へ展開しよう。教育の質の低下がもたらした若年層の政治的無関心，無知に対峙すべく啓蒙的な教養教育が求められよう[3]。

折しも 18 歳への選挙権年齢の引き下げに伴い，若者が多様な政治的・経済的選択肢の中から慎重な判断が行えるような「シチズンシップ教育」，「主権者教育」こそ，今後求められる教養教育といえよう。我々は焦眉の急に対して付け焼刃の学問，知識を拠り所にした短絡的な問題解決の取り組みではなく，100 年後，200 年後の長期スパーンの問題にも対応できるような物事の考え方を育む教養教育を目指したいと考えている。以上の教育理念に沿って，神奈川工科大学，基礎・教養教育センターの人文社会系列では，「現代社会講座」の講義において哲学，文学，心理学，政治学，経済学，法学，社会学からなる人文・社会科学の 7 つのコア科目を設定し，オムニバス形式で講義に対応するためのテキストを作成した次第である。

2016 年 8 月

尾崎　正延

■注

1）扇谷尚（1980）「〈巻頭言〉創刊の辞」『一般教育学会誌』一般教育学会，1
2）Boyer, Ernest L. (1987) *COLLEGE: The Undergraduate Experience in America*, The Carnegie Foundation.（＝1996，喜多村和之・舘昭・伊藤彰浩訳『アメリカの大学・カレッジ——大学教育改革への提言〈改訂版〉』玉川大学出版部）
3）京都大学高等教育研究開発推進センター（2016）「日本における教養教育の史的展開　大綱化に関するオーラルヒストリー——京都大学を中心に」『第22回大学教育研究フォーラム発表論文集』：407-408。なお，ここで展開された教養教育の理念については，2016年3月18日，京都大学開催，参加者企画セッションにおける林哲介氏によるプレゼンテーションを参考とさせて頂いた。

第2版に寄せて

　2016年9月に初版が出版されてから3年半が経ち，このたび第2版が出版される運びとなった。本書の目指すところは，基本的には初版の方針と変わっていない。

　本書の主な読者は，大学での一般教養のテキストとして購入した学生ではないかと思う。興味もないのに7分野も文系の教養を学ばなければいけないなんて——と，苦手意識を抱いた読者もいるかもしれない。しかし，教養として「現代社会を読み解く知」を得ることは，決して受動的に知識を教え込まれるということを意味しない。それは，読者の皆さんが自分で考える力を得るために，自分自身を知り，また自分を取り巻く現代社会を知ることである。そして，大学でこれから学ぶ専門分野の知識について深く理解し社会へと応用するために，基礎となる教養を得ることである。

　同時にまた，「何かのため」ではなく，知ること自体を楽しむということも，教養のあり方であるといえる。目の前が明るく開けていくような，どこまでも自由に広がっていくような体験は，学びの本質であると考える。

　本書を通じて，読者自身の知的好奇心を満たす積極的な学びを経験してもらいたいと願っている。

2020年1月

三浦　直子

目　　次

第1章　哲学I

「大切なこと」について
「考える」ために

1 知を愛し求める

　皆さんは，「哲学」や「哲学者」という言葉を聞いて，どのようなイメージを抱くであろうか。人生哲学，成功哲学，経営哲学……。皆さんはこういった言葉を見たことや聞いたことがあるかもしれない。こういった言葉から生じるイメージは置いておいていただくことにして，ここでは「哲学をするとはそもそもどういうことなのか」といったことについて，お話しすることにしよう。まずは「哲学」という言葉についての話から。

　哲学は英語では philosophy，フィロソフィーといい，哲学者を philosopher，フィロソファーという。philosophy とは，西洋哲学が誕生した地である古代ギリシャの言葉，φιλοσοφία，フィロソフィア（ギリシャ語はアルファベットを読めるようになるだけで一苦労なので，以下，ローマ字で philosophia と表記する）という語を起源とする言葉である。philosophia という言葉は philo という部分と sophia という部分から成り立っている。そして philo とは「愛」を意味する philia という語が変化したものであり，sophia とは「知」を意味する。だから「哲学」という言葉はそもそも，「知を愛する」とか「知を愛し求める」といった意味であり，また哲学者は「知を愛する人」とか「知を愛し求める人」といった意味になるわけだ。だが問題は，ここで「知」とされるものが一体どのようなものなのかということである。

　何かを勉強している人であれば誰だって「知」を求めているわけだ。たとえば歴史を勉強している人であれば歴史についての「知」を求めているのであ

り，生物学を勉強する人であれば生物についての「知」を求めている，といったように。そして哲学もまた一つの学問である以上，哲学という学問において求められる固有の「知」があるはずなのである……。

　ところでいきなり話題は変わるが，たとえば凶悪な殺人事件が起きたとする。するとweb上で，たとえば某巨大掲示板のニュース板に「スレ」（スレッド）が立つ。スレには，犯人を非難するコメントが延々と書き込まれつづけ，書き込まれるコメントの内容や表現は次第にエスカレートしてゆく。もちろん犯人は法に反することをしてしまったわけだから，非難されるのは当然なわけだけれども，書き込まれるコメントの中には非難というレヴェルを越えて，たんなる誹謗中傷，さらには「容疑者はお前の親の仇（かたき）かなにかよ!?」と突っ込みたくなるような攻撃的なものもある……いや，むしろそのようなコメントの方が多かったりする。ところで書き込まれるコメントを読んでいると，たまに奇妙なコメントを見かけることがある。それはたとえば，「なんで人を殺しちゃいけないの？」といった質問である。なんとも流れを無視したコメントである。そして，そういった奇妙なコメントに対するレス（返信）もまた攻撃的である。「そんなの当り前だろう！」「そんなこと，考えるまでもないだろう！」「そんなこともわからないのか！？」「幼稚園からやり直せ！」等々……。気持ちはわからなくもない。某巨大掲示板におけるいわゆる「祭り」やさまざまなSNS（ソーシャル・ネットワーキング・サービス）でのいわゆる「炎上」の時のようにただ面白がっていろいろと書き込む人たちは別として，純粋に正義感から激しい表現で攻撃的なコメントを書き込んでいる人たちにとっては，こういったコメントはなにやら人を小馬鹿にしたような，ふざけた書き込みだと思われても，それは仕方がないであろう。だがちょっと考えて欲しい。「なんで？」とか「なぜ？」といった問いに対する回答は「なぜならば……」だとか「……だからである」といったかたちのものであるはずだ。だから，「そんなの当り前だろう！」といったたぐいのレスは，このような問いに対する回答にはなってはいない，ということになる。いや，中には冷静で親切な人（？）もいて，「なぜならば法律で禁じられているからだ」といった内容のレス

が書き込まれることもある。だが，ここでもまたちょっと考えて欲しい。「なんで人を殺しちゃいけないの？」といった疑問を抱くような人が，たとえば「なぜならば法律で禁じられているから」といった回答に，はたして満足できるであろうか？ほぼ間違いなく，そういった疑問を抱く人はそのような回答に対してさらに，「なぜ法律を守らなければいけないの？」だとか「なぜ法律が存在するの？」だとか「法律ってそもそもなんなの？」といった問いかけをする，あるいは少なくとも，そういった疑問を抱くのではないだろうか。

　さて，哲学の「知」とは，このような，たとえば「なぜ人を殺してはいけないのか」といった問いにかかわる知なのである。つまり，そのようなことを問われても，たいていの場合は「そんなの当り前だろう！」といった回答しか与えられないような問い……哲学者が愛し求める「知」，哲学において問題となる「知」とは，そのような問いにかかわっているのである。こういった「知」について，さらに突っ込んで考えるために，ここである大哲学者にご登場願うとしよう。皆さんの中にもその名を聞いたことのある人たちが多いのではないだろうか。「ソクラテス」という人物である。

2 ｜ 「知らない」ということに「気付く」

　ソクラテス（Sōkratēs）は紀元前 469 年頃に生まれ紀元前 399 年 4 月 27 日に亡くなったとされている。今から 2400 年以上も昔の人物である。ソクラテスは晩年，裁判にかけられて死刑となった。この裁判の様子はソクラテスの弟子であるプラトン（Platōn, B. C. 427–B. C. 347）が書いた『ソクラテスの弁明』に描かれている。そこでこの本を手がかりとして，ソクラテスにとって哲学とはどのようなものであったのか，見てみよう。

　ソクラテスの弟子であり友人にカイレポンという男がいた。そのカイレポンがある時，デルポイの神殿へと出かけて行った。当時の神殿とは神託，つまり神様の言葉を聞くための場所であった。どういうことかというと，神殿には巫女（みこ）さんがいて，訪れた人が神様に質問をすると巫女さんがいわゆるト

4

ランス状態（神がかり状態）になり，その巫女さんの口を通じて神様からの回答を聞くことが出来た，ということなのである。原始的な話だなどと馬鹿にすることなかれ。なにしろここで下される神託は，当時の国家のゆくえを決めるほど重視されることもあったのであるから。さて，そんな場所に出かけていったカイレポンが巫女さんにした質問とは，なんと，「この世にソクラテスよりも知恵のある者がだれかいるか」いうものだったのである。そしてさらに驚くことに巫女さんの答え，つまり神様からの回答は「ソクラテスより知恵のある者は一人もいない」というものだったのだ！

　しかし，一番驚き面食らったのはソクラテス自身である。つまり，自分が「知恵のある者」などではない，そんなことは当のソクラテス自身が自分でよくわかっている，だが，神様が嘘を言うはずなどない，いったいどういうことなのだ……。ソクラテスは長い間，この「謎」について考えた。そしてある時，ついに名案を思い付く。それは「知恵のある者」だと世間の人々に思われていて，また，自分でも自分のことを「知恵のある者」だと思っている人のもとを訪れて，対話をすることである。なにしろ神様というほどだから，人間たちのすることはちゃんと見ているに違いない。そういう人と自分との対話の様子を見ていれば，神様にだって自分よりも相手の人の方が「知恵のある者」だということがわかるであろう……そのようにソクラテスは考えたのである。

　そしてソクラテスはある政治家のもとを訪れる（当時のアテナイでは政治家たちは世間の人たちから「知恵のある者」だと思われていたし，自分たち自身でもそう思っていたのである。今の時代，特に日本では信じがたいかもしれないが……）。ところが，そこで対話をしていて，ソクラテスはおかしなことに気が付いてしまう。その時の思いを，同胞のアテナイの人々に向って，ソクラテスは裁判の場で次のように語っている。

　　アテナイ人諸君，かれを相手として吟味しているうちに，私は何か次のようなことを経験したのです。すなわち，かれと対話を交わしているうちに，その人物は知恵があるものと他の多くの人間に思われ，また，とりわ

け本人がそう思いこんではいるものの，しかし実はそうではないと私には思われたのです。（中略）しかし，かれらと分かれて自分だけになった時，少なくともその人物よりは自分のほうが知恵があると考えたのです。というのも，われわれのうちのいずれも美にして善なることについては何一つ知らないようなのですが，しかし，かれは知らないくせに何か知っていると思っているのに対して，私のほうは，実際，知らないとおりそのままに，知っていると思ってもいないからです。たしかに，少なくともその人よりは，まさに何かつぎのようなちょっとした点で，つまり私は自分が知らないことについては，それを知っていると思ってもいないという点で，知恵があるように思えたのです。（三嶋輝夫・田中享英訳，1998『ソクラテスの弁明・クリトン』講談社学術文庫：22-23，傍点は引用者による）

　ようするに，ソクラテスの対話相手の政治家は，自分には「知恵がある」，つまり「美にして善なること」（何やらとても大切なことのようなので，今後この「知恵」の内容を「大切なこと」とする）について知っていると思いこんでいるだけで，実際には「知恵がない」つまり知らない，そしてさらに困ったことに，自分が知らないということに気が付いてさえいない。それに対してソクラテスの方は，「知恵がない」つまり「大切なこと」について知らないということは自分で気が付いている。だからそのように「気が付いている」というただ一点において，対話相手の政治家よりもソクラテスの方が「知恵がある」ということになるのではないか……ソクラテスはふと，そのように考えたのであった。
　だがソクラテスはあきらめない。次に彼は，悲劇詩人たち，つまり現代で言えば流行作家たちのもとへ向かい（そう言えば現代でも，流行作家が新聞や雑誌などで人生相談のコーナーを担当していたりする。大切なことを知っていると思われているわけだ……），さらにその次には職人たちのもとへ向かう（ここでいう職人とは，現代で言えば，たとえば，最先端の科学技術を駆使する人たちをイメージしていただいたらよいだろうか）。しかしいずれの場合も，結果は政治家を相手に対話をした時と同じであった。つまり，作家たちにしても職人たちにして

も，自分の作品の評判が良いから，あるいは自分の技術が優れているから，自分で自分のことを「立派な人間」だと思い込んでいる，そして「立派な人間」であるからには自分たちが「大切なこと」について知っている，と思いこんでいるのだ，ソクラテスはそう考えたのである。

　こうしてソクラテスは，カイレポンから伝え聞いた神様の言葉の「意味」を，次のように理解する，つまり神様は神託を通じて，人々に次のようなことを伝えたかったのである，と。

　　　人間たちよ，ちょうどソクラテスのように，知恵に関しては本当のところ
　　　自分は何の価値もない者なのだということを悟った者，まさにその者こそ
　　　がおまえたちの中で最も知恵のある者なのだ。(同上書：28)

　問題は，神様の言葉の「意味」をこのように解釈したソクラテスの，その後の行動である。「知恵があると私には見えない時にはいつでも，神のお手伝いをして，その人が実は知者ではないことを明らかにしているのです」(同上書)。つまりソクラテスは，誰彼かまわず「対話」することを通じて，相手が「大切なこと」を知らないということをわからせてあげるということを，神様から与えられた自分の使命であると考えてしまったのだ。そしてそれが，ソクラテスにとって「哲学する」ということなのであった。しかしそんなことをすれば，もちろん人々から恨みを買ってしまう。ソクラテスの対話は，ソクラテスと対話相手との二人っきりで閉ざされた部屋で行われたのではなく，たとえば広場や運動場といった，たくさんの人々が集まる場所で行われることが多かった。だから世間で立派だと思われている人たちは，無知を指摘されることによって公衆の面前で恥をかかされたわけだ。そしてその結果，ソクラテスは多くの人たちから恨みを買い，裁判にかけられることになってしまったのである。

　ところでアテナイ人諸君……ではなくて，今こうしてこの本を読んでいる皆さん，せっかくだから裁判の場でソクラテスが語った哲学への想い，そして決

意を，ぜひとも読んでみていただきたい。

　　アテナイ人諸君，私は皆さんに親しみと愛情を抱くものではありますが，
　皆さんよりもむしろ神に従うことでしょう。そして私が息をし，そうし続
　けることができる限り，私は哲学し，皆さんに訴えかけ，皆さんのうちの
　だれに会おうと，そのつど常々私が口にしていることを言って自分の考え
　を明らかにすることをけっしてやめないでしょう。すなわち，最もすぐれ
　た人よ，きみは知恵と力にかけては最大にして最も誉れある国，アテナイ
　の国民でありながら，どうすればできるだけ多くの金が自分のものになる
　か，金のことを気にかけていて恥ずかしくはないのか。名声と名誉につい
　ては気にかけながら，思慮と真実について，また魂について，どのように
　すればそれが最も優れたものとなるかを気にかけることもなければ，思案
　することもないとは……。(同上書：49-50)

③｜自分で考える

　さて，これまでお読みいただいたソクラテスの発言には，「大切なこと」つ
まり「美にして善なること」だとか，「思慮」，「真実」，「魂」といった言葉が
出てきた。ところでソクラテスは，これもまたプラトンが書いた『クリトン』
という作品の中で「一番大事にしなければならないのは生きることではなく，
良く生きることだ」と述べている（同上書：137）。「大切なこと」，「思慮」，「真
実」，「魂」，これらはすべて，この「良く生きること」にかかわっているので
ある。ところで皆さん，「良く生きる」とは，いったい，どういうことなので
あろうか。
　皆さんはがんばって勉強して大学に入学した。そして今はこうして「哲学」
などというワケのわからないことについて，がんばって本を読んでいる（い
や，読まされている？）。それは，きちんと単位を取って，それもできれば良い
成績をおさめて大学を無事に卒業し，そして卒業後にはなるべく良い仕事に就

くためであろう。おそらく，こういったことはすべて，「良く生きる」ために
なされている努力なのであろう。そして，そんなにがんばっているのだから，
皆さんはその目的である「よく生きる」ということがどのようなことなのか，
よくわかっているはずなのである。なにしろ人間は，なんだかよくわからない
もののためにがんばることなど，おそらくはできないであろうから。

　どうだろう？「良く生きる」とはどういうことか，ひとつ説明してもらえる
だろうか？

　……。

　……。

　……。

　どうであろうか？　おそらく，うまく説明することができないのではないだ
ろうか。

　少し遠回りをしたようだが，ソクラテスの愛し求めた「知」とは，つまりそ
ういうことに関する知なのだ。たとえば「良く生きる」ということについて，
皆さんは，そして実はこのようにエラそうに書いている私自身も，わかってい
るつもりでいるし，わかっていることになっている。くどいようだが，だから
こそ私たちは「良く生きる」ためにがんばることができるのである。

　たとえばこの，「良く生きる」とはどういうことか，といった問いに対する
答え，つまり，わかっているつもりでいるし，わかっていることになってい
る，ところが実際には，よくわかっていない……もうお気付きかもしれない
が，最初の方にお話した「なぜ人を殺してはいけないのか」といった問いにつ
いても，このことはあてはまるのである。そういったことについてあえて考え
ることが，「哲学すること」，つまり知を愛し求めることなのであって，哲学者
とはそういったことについてあえて考える人のことなのだ。

　……え？　なんだって？「バカにするな！そんなこと，ちゃんと説明でき
る！」だって？　だがちょっと待ってほしい。それは皆さんが「自分で考えた
こと」なのだろうか？　それはたとえば，子どものころから，親や学校の先生
など，身の回りの大人たちに言われ続けてきたことなのではないか？

　ところで「生きる」ということはきわめて「個人的なこと」である。つまり，誰もが私の人生を生きている。どんなに強く望んでも，私が誰か他の人の人生を生きることなどできないし，逆にまた，誰か他の人に私の人生を生きてもらうことなど，できやしない。だから「良く生きる」とは「私が私の人生を良く生きる」ことである，ということになる。したがって，それがどんなことであるのかということも，あくまでも自分で考えなければならない，私が考えなければならない。

　あらためてお聞きしよう。「良く生きる」とはどういうことか，「自分で考えたこと」を，きちんと説明できるであろうか。ところでそもそも，「自分で考える」だとか「私が考える」とは，一体どういうことなのであろうか。またしても，なにやらワケのわからないことをたずねられているように感じる皆さんもいるであろうが，たしかに，このこともまた，「良く生きるとはどういうことか」という問いと同じく，考えてみるとよくわからない問いなのである。そこで次に，このことについてちょっと考えてみよう。舞台は，いわゆる近未来へと移る。

4 我思う，ゆえに我あり

　皆さんは『ブレードランナー』（原題：*Blade Runner*）という映画を御存じだろうか。1982年に公開されたアメリカ映画であり，最初に公開されたオリジナル版以降もいくつかの異なるバージョンが公開された，熱狂的なファンの多い映画である。原作はフィリップ，K. ディックのSF小説『アンドロイドは電気羊の夢を見るか？』（原題：*Do androids dream of electric sheep?*）である（ちなみにフィリップ，K. ディックは映画『トータル・リコール』（1990年，2012年にリメイク版が公開）や『アジャストメント』（2011年）などの原作も書いている，熱心な愛読者の多い作家である）。監督は『エイリアン』や故・松田優作が最後に出演した映画『ブラック・レイン』など独特な世界観で知られるリドリー・スコット。主演は『スター・ウォーズ』シリーズや『インディ・ジョーンズ』シリ

ーズで有名なハリソン・フォードである。

　さて，以下，ちょっとネタバレ注意。

　……。

　……。

　……。

　……よろしいか？　では紹介しよう。ストーリーは，2019 年，環境が悪化し人類の大半が宇宙に移住した後の地球を舞台に，「レプリカント」と呼ばれる，強靭な肉体と天才的な頭脳を持つアンドロイドたちと，レプリカントたちを倒すことを生業（なりわい）とする「ブレードランナー」である主人公デッカード（H・フォード）との戦いを軸として展開される（ところで公開当時，「2019 年」はたしかに「近未来」であったが，私がこの原稿を書いている 2016 年から見たらたったの３年後であり，近未来という感じはまったくしない。いやそもそも，今そこのあなたがこの文章を読んでいるのが 2020 年だとしたら……まぁ，こういうことは創作作品の宿命のようなものだ）。ところでこのレプリカントの設定が，とても面白い。彼らは非常に危険で苛酷な作業に従事させられている。彼らの外見は人間そっくりであるものの，その知力・体力ともに普通の人間の能力を大きく超えているため，人間たちに反乱を起こすことになったら大変である。実際に，物語の中ではレプリカントによる人間への反乱がたびたび起きているとされる。だからこそ彼らを探し出して「処分」するブレードランナーたちが存在するのである。ところで反乱の危機にそなえて，レプリカントには一種の「安全装置」が装備されている。人間にくらべて極端に短い寿命である。この作品のストーリーは，宇宙での作業に従事させられていた６人の最新型のレプリカントがシャトルを強奪して地球に戻ってくるという出来事に端を発するが，実のところ，このレプリカントたちが地球に戻って来たのは人間たちに対して反乱を起こすためではなかった。彼らは自分たちがあとどのくらい生きられるのか，そして，寿命を延ばす方法はないのか，そういったことを知るために，自分たちのいわば生みの親であるタイレル社の社長，タイレル博士に会うために地球にやって来たのである。

　この映画の中で描かれるレプリカントたちを見ていると，いくつかの難しい問題について考えさせられる。

　たとえば，デッカードが捜査のために初めてタイレル博士のもとを訪れた際，博士はデッカードに秘書のレイチェルが人間であるかレプリカントであるか判定してブレードランナーとしての実力を見せて欲しいと依頼する。この判定のためのテストが面白い。ブレードランナーが，容疑者（?）をテーブルの向こう側に座らせ，テーブルの上に置かれた判定装置に付いているレンズで容疑者の目を覗き込む，そして様々な奇妙な質問をしながら，容疑者の目の反応に注目，その反応が人間らしいかそうでないかによって，容疑者が人間であるかレプリカントであるか，判定するのである。そしてなんと，レイチェルがレプリカントであることが判明する。だがレイチェル自身は，自分のことを人間だと信じたいのであり，たとえば自分には幼い頃の記憶だってあるのだとデッカードに主張する。だがその記憶は，タイレル博士の姪の記憶を移植したものであった……。私たちは，自分が自分であることを，つまり自分のアイデンティティを，記憶によって確認できると考えている。たとえば，自分が今のような自分であるのはこれまでの自分があったからであり，逆にこれまでの自分があったからこそ今の自分があるのだ，というように。しかし，「これまでの自分」について自分が知っていること，つまり自分についての記憶が，レイチェルの場合のように，自分についての知ではなかったとしたら？いや，そこまで極端に考えなくとも，もしも自分の過去が自分で思っているようなものではないとしたら？そのように考えると，記憶によるアイデンティティの確認，自分が自分であるということの確認が，なにやらとても心細いもののように思われてこないだろうか（ちなみに記憶について言えば，宇宙から戻って来たレプリカントたちが，自分たちの写真を大事に思っている様子が劇中に描かれている。写真と，それにまつわる記憶を大事にする，これは実に人間らしいあり方ではないか？そして，そのような人間らしい存在を，人間にとって危険で邪魔な存在として「処分」する人間たちとでは，いったいどちらがより「人間らしい」のであろうか？）。

　また，「考える」ということについても，この映画は難しい問いを私たちに

投げかける。レプリカントたちの知性は，その脳を作った科学者の知性に匹敵する。中でも地球に戻ってきたレプリカントたちのリーダーであるロイの知性は天才的である。劇中，ロイはタイレル博士と間接的にチェスの対戦をし，博士を追い詰める。だが，考えてみれば当り前である。ロイの知性は博士の知性に匹敵する，いや，もっと言ってしまえば，ロイの頭脳は一種のコンピュータであり，そのプログラムが博士の思考パターンのようなものであるとすれば，ロイは博士と同じように思考するのであるから，ロイには博士の考えが読めてしまうのである。ここにはさきほどの問題，「自分で考える」だとか「私が考える」とは一体どういうことなのか，という問題が表現されている。ロイと博士の場合ほど極端ではなくとも，たとえば私たちの価値判断，つまり何が善いことであり何が悪いことであるのかといったことを考えたり感じたりする仕方が，私たちが成長する過程でたとえばまわりの大人たちから学んできたものであるとすれば，つまり，まわりの大人たちによってプログラミングされたものであるとすれば，私たちは何が善いことであり何が悪いことであるのかといったことを「自分で」考えたり感じたりしていると，自信をもって言うことが出来るだろうか？「良く生きるとはどういうことか」という問題にしてもそうである。

　ところで「考える」ということについて，劇中でレプリカントの一人でありロイの恋人であるプリスが "I think, therefore I am"，「我思う，ゆえに我あり」つまり「私は考える，だからこそ私は存在する」という言葉を言うシーンがある。この言葉は「西洋近代哲学の父」とされるフランスの哲学者，R・デカルト（René Descartes, 1596-1650）の言葉の英語訳である。ところでこのデカルトという名前とデッカードという名前であるが……デカルト，デッカード，デカルト，デッカード……と，アクセントを変えたりしながら，何度もつぶやいてみてほしい。すると，この2つの名前，なんとなく似てくるのではないだろうか……というわけで，主人公の名前からして映画『ブレードランナー』にはいくつもの哲学的な問いが込められているのである（そして実際に，たびたび哲学的に論じられてきた。興味のある人は調べてみてほしい）。

5 哲学的に語り合う

　『ブレードランナー』のエピソードからもわかるように，人間は「自分で考える」ということが，実際のところどこまで出来ているのか，考えてみると，ちょっと不安になってくる。そのような不安から抜け出すために，どうすればよいのか。一つの方法として，「考える」ということを自分一人だけの営みにしない，ということ，さらに言えば，他の人と語り合うことによって考える，知を愛し求める，つまり，哲学する，ということを，ここでは挙げておきたい。

　さて，ここでまたしてもプラトンの作品にもどる（古代に行ったかと思えば近未来へ行き，そして再び古代にもどるという……なにやら非常に気ぜわしいようで申し訳ないが）。『ラケス』という作品でソクラテスは友人たちと，子どもの教育について語り合う。対話が始まるに先立ち，登場人物でソクラテスの友人であるニキアスは，同じく登場人物であるリシュマコスに次のように語る。

> 　誰でもソクラテスの間近にあって対話を交わしながら交際しようとする者は，たとえ最初は何かほかのことについて対話をはじめたとしても（中略）ほかならぬ自分自身について，〈現在どのような仕方で生きており〉，また〈すでに過ぎ去った人生をどのように生きてきたのか〉について説明することを余儀なくされる羽目におちいるまでは，けっして対話を終えることはできない……。（三島輝夫訳，1997『ラケス』講談社学術文庫：36-37，傍点引用）

　さらにニキアスは，ソクラテスを訴えた人たちとは違って，ソクラテスと対話することが，なんら「悪いことではない」と言い，そして，はじめはたとえば子どもたちの教育について対話をしていても，やがて話題は自分たち自身についてのことになるであろうと言う（同上書：37-38）。そしてさらに，「生き

ている限り学ぶことを望み，重んじる者」，つまり哲学する者，知を愛し求める者は，「これからの人生においてより慎重で思慮に満ちたものになることは必然だと思う」と言う（同上書：37，傍点引用者）。すなわち，少なくともニキアスにとっては，対話をすると，つまり哲学すると，ソクラテスという他の人にうながされて，これまでの，そしていまの，自分のあり方について考えざるを得なくなる，ということなのであり，その際には，自分が考えていることが本当に自分で考えていることなのかどうか，といったことも吟味されることになるであろう。そして，「我思う，ゆえに我あり」，つまり，他の人と対話を続ける限り，私は考え続けるようにうながされるのであり，そして考え続ける限り私は存在し続けるのであって，そしてそのことが，「これからの人生」つまり未来の自分のあり方につながってゆく……少なくともニキアスにとって，このようなことは，「悪いことではない」のである。

　ところで現代の多くの人々にとって，哲学すること，「大切なこと」について対話をすることは，「悪いことではない」，というよりもむしろ，何やら「楽しいこと」であるらしい。というのも近年，哲学の専門家ではない人々が，一つの場所に集って普通の言葉で哲学的な対話をおこなう，といったことがちょっとしたブームになっているからである。また最近，小学校や中学校や高校で哲学的な対話を授業に取り入れようという動きも活発になってきている。どちらも日本での話である（こういったことに興味のある諸君はぜひ，「哲学対話」や「哲学プラクティス」あるいは「哲学カフェ」といった言葉をwebなどで調べてみてほしい）。

　さて，最後に大学での哲学の授業について，少しだけお話しておこう。もちろん，どのような方針で授業が行われるのかは，哲学を教える先生によってまったく異なる。だが少なくとも「哲学」の授業である以上，「哲学的に考える」ということについて，なんらかのかたちで教えられるはずである。そして私の場合はといえば，学生の皆さんが哲学的に考え，そして哲学的に対話ができるようになるためのお手伝いをさせていただく，少なくともそういう方針で授業をおこなっている。それがテストやレポートをクリアして単位を取るために必

要なことだというのではなく，皆さんが「大切なこと」について「考える」ため
に，そしてその後の人生を「良く生きる」ために必要なことだと，私が考え
るからである。もっとも，私の授業では，とてもとても厳しいテストやレポー
トも，待っているのだが……。

第 2 章　哲学 II
「抜け出る」運動としての啓蒙

1　人文社会科学は何の役に立つのか？

　人文社会科学に対して，「それは何の役に立つのか？」という問いが発せられることがたびたびある。そして，それに対する答えも一通り出ている。さまざまな説得力ある答えがある。そのひとつによれば，人文学（humanity）の語源である "humus" は「土壌」「腐葉土」を意味している。人文学（そして社会科学，精神科学）は社会の腐葉土として，多様な動植物が生息する森をイメージさせる。それらは直接的かつ即効性をもって「役に立つ」のではなく，長い時間をかけてゆっくり熟成し効用を持つというイメージである。

　その一方で，教養を身につけることによって人格を陶冶するという（近代的）理念が揺らいでいることも事実である。牧歌的な教養のイメージを想起することによって，あらゆる専攻の学生が教養科目として人文社会科学を学ぶ意義を自明のものとすることは，楽観的に過ぎるのではないか。以下では，啓蒙をめぐるイメージを刷新し，われわれが立たされている場所を改めて問い直してみよう。

2　「知る勇気を持て！」

　最初に取り上げるのは，ドイツの哲学者イマニュエル・カントの『啓蒙とは何か？』（1784）である。

　カントによれば，啓蒙とは「未成年状態」から「抜け出て」，自分の理性

（悟性）を働かせるということである。有名な定義を見てみよう。

　　啓蒙とは何か。それは人間が自ら招いた未成年の状態から抜け出ること
　　だ。未成年の状態とは，他人の指示を仰がなければ自分の理性を使うこと
　　ができないということである。人間が未成年の状態にあるのは，理性がな
　　いからではなく，他人の指示を仰がないと，自分の理性を使う勇気も持て
　　ないからなのだ。(Kant, 1784＝2006：10)

　続けてカントは自分の理性を使う勇気を持て，有名な「敢えて賢かれ！（知
る勇気を持て！）」という標語で読者を鼓舞している。
　カントが『啓蒙とは何か？』で述べていることは，まさしく，後見人の保護
下にいる「未成年状態」を「抜け出す」ということであった（この「抜け出す」
という「運動」の側面を取り出して特に強調したのが，哲学者のミシェル・フーコ
ーであった。「カントはここでひとつの運動，出て行くという運動，今まさに遂行さ
れていて，まさしくわれわれの現在性を構成する重要な要素である離脱の運動を指
し示しているような印象を受けます」(Foucault, 1994＝2002：34，傍点引用者)。
　さて，通常の読みに従えば，これは未成年状態を脱し「自律」した存在へと
至ることを意味している。いつまでも自分の代わりに考え判断を下してくれる
医師や牧師，教師（！）に支配された状態で満足するのではなく，「勇気」を
もって自分自身の主人であれ，というものである。
　しかし，自分の頭を使って判断を下すということ，自らを律するということ
がむずかしいのは，カント自身もこのテクストの中で何度も繰り返し述べてい
る。啓蒙のプログラムがむずかしいのは，それが一生懸命勉強することや，知
識を詰め込むといったこととは根本的に違う事柄だからである。
　啓蒙の中には，避けることができない根本的な困難があることがよく知られ
ている。
　ひとつには，他人に指示されている状態，後見人にあれこれ指図されている
状態があまりに安楽であるということがある。また，いくら各人が自律を目指

　しても，次から次へ「親切」な後見人たちが現れ，われわれを「家畜」状態にしておこうとするとカントは述べている。

　フーコーがカントの『啓蒙とは何か？』についての講義で述べていることだが（同上），例えば革命といった人類を「解放」するような偉大なことを成し遂げた人物が不可避に帯びてしまう「権威」にわれわれは容易に屈してしまう。つまり，自ら他律状態を脱することのできた人間が，多くの人間にとっての指導者の地位に就いて人々を再び支配してしまうという逆説である。

　突飛さを恐れず，ここでS.スピルバーグ監督作『宇宙戦争』（2005）を参照しよう（原作小説はH.G.ウェルズ（1898））。この映画には，現代の啓蒙をめぐるリアルが描かれていると見ることができる。

　『啓蒙の弁証法』で，アドルノとホルクハイマーは，古代ギリシャの叙事詩『オデュッセウス』の中に，その合理的で知性あふれる主人公の故郷帰還の冒険譚から，理性そのものの変容を読み取っていた。われわれも同様に，現代の理性のあり方を示す一例として『宇宙戦争』を見ることができる。

　トム・クルーズ演じる主人公は，低所得の港湾労働者で，妻とは離婚している。週末に2人の子どもたちが来るときだけ，威厳ある父親らしく振る舞おうとするが空回りするばかりでまったく受け容れられていない。特に高校生の息子からは，軽蔑されている。

　ある日，巨大な3本足の宇宙船トライポッドに乗った侵略者たちが町を襲う。映画はこの理不尽かつ圧倒的な攻撃者から父親と子どもたちが逃げ惑う様子を描く。

　注目したいのは次の場面である。多くの他の人々と同様，大混乱の中を逃げていく途中で，高校生の息子が父親の制止も説得も振り切って，得体の知れぬ巨大な物体から出てくる光線に次々と人が殺されていく最前線へと向かっていく場面である。この息子は，何が起こっているのか自分の目で見ないと気が済まない。そのためには，自分の命が危険に曝されることなど気にもかけない。父親という保護者の指示に従うつもりはないのだ。そして，小さな妹を守るという役目すら，ここで彼を引き留めることはできない。

この場面の異様さにわれわれは目を奪われる。この息子が制止を振り切ってまで目に焼き付けたいものは何なのか。

トム・クルーズ演じる父親が，父親としての威厳をほとんど欠いていて，息子がいわゆる反抗期らしいということを差し引いても，この高校生の，起こっていることを自分の目で確かめたいという欲望は，度を超している。まだ小さな妹が，恐ろしい現実に目を向けるなという父親の命令に従って両手で目をふさいでいるのとは対照的である。他方この兄は，一切助言を聞き入れずにその目で現実を見るために突き進んでいく。

とにかく自分の目で見てみること。ここから一歩進めて，「自分の目で見たことだけを信じる」という態度は，語源的な意味での「専門家 specialist」である（"spec" は「見る」を意味する）。危険を顧みず，制止しても言うことを聞かない向こう見ずな息子が，まったく「専門家」のようにはまったく見えないにしても，である。にもかかわらず，彼のあの態度は，少なくとも専門家の「卵」としての資質は備えているのだ。

映画冒頭で，この高校生は宿題のアルジェリアについてのレポートを書けずにいた。これは，そのとき彼が「理性を公的に使用する」用意がまだできていない存在であったことを示している。いまや，彼はそこから「抜け出そう」としている。彼こそ「後見人」の下を脱して自分の頭で考え，自分で判断を下す自律した存在たれ，という命題を体現していないだろうか（後に彼のこの行動があまりにも早急で失敗することがわかったとしても）？　いうまでもなく，未成年状態は，カントが注意を促しているように，幼年時代といった特定の年齢を指すものではない。そして，この映画では父親もまた「啓蒙の主体」である。彼もまた知性を用いて危機を脱していく。この点は後半で論じよう。

3 「理性の公的な使用」

カントは，公衆を啓蒙するには，「理性を公的に使用する自由」が必要であるという。重要なのは，ここでの「理性の使用」が，単に頭脳を働かせるとい

うことではなく，それを「声に出して述べること」であり，自分以外の他者たちに向かって意見を公表し議論することを指しているということである。そして注意すべきは，カントにとっての「公的」と「私的」の区別である。

　カントによるなら，あなたが大きな機構や組織に所属する者として，自身がその全体の「部品」であるような領域にいるとき，そこで理性を使用することは「私的」な使用である。それは制限されても仕方がないという。カントが「理性の私的な使用」として挙げる例は，例えば公務員がその地位にありながら自分の意見を押し通すこと，あるいは軍人が上官の命令に逆らって議論する場面である。そのようなことをすれば，業務や作戦に支障を来してしまうだろう，と。そのような理性の使用は「私的」であり，制限されることもある（制限されてもやむなしである）。あるいは，市民がまさに税金を支払わねばならない時期に，税金を拒むという利己的な目的のためにその制度を議論するような事例である。そのような理性の使用は「私的」であり，やはり制限されねばならない。こうした場面では，「考えるな，従え」ということである。

　他方，理性の「公的な使用」とは，「世界市民」の一人として，あるいは学者として公衆に訴えかける場面を想定している。例えば，税金について，まさに支払うべき時ではなく，一人の学者として（学者のように）その公正さを吟味する際には，それは「理性の公的使用」であり，決して制限されることがあってはならない。公的な領域では，「［自分の頭で］考えろ，［誰か，例えば権威に］服従するな！」がそのモットーとなる。

4 自律から規律訓練へ

　未成年状態から抜け出た先には，自律の状態があるとされる。ところが，自律は容易に達成できないどころか，むしろ他律に逆戻りしてしまうことが多々ある。誰にも支配されない状態を目指していたはずであるのに，いつのまにかわれわれは制度的に支配されている現実に気がつく。

　自律へと向かうはずの運動は，なぜ不可避に他律へと転じてしまうのであろ

うか。いわば，啓蒙のプログラムにはその「裏面」があり，そこではむしろ服従が強制され，人々は自律へと向かうどころか他律へと陥らせる制度が次々に発明されていたのではなかったか。こう述べたのは，ミシェル・フーコーであった。

　啓蒙の時代は，同時に「規律訓練 discipline」の社会が形成された時代でもあったとフーコーは述べている。規律訓練は，「一望監視施設（パノプティコン）」と呼ばれる権力の作用モデルを用いる。

　ベンサムが考案したこの監獄システムでは，独房が中心にある見張り塔に向かって円弧上に配置されている（中心の塔を，独房が取り囲んでいる）。それぞれの独房から隣を見ることはできない。囚人たちは，見張りの塔から見られていることはわかるが，他方，塔の中は暗く監視人を見ることはできない。見られているが，こちらからは見ることができないという非対称性が，この一望監視施設が行使する権力の源泉である。すなわち，このような配置のもとに置かれたとき，囚人はいわば放っておいてもおとなしくなり「服従」する存在となる。というのも，監視されているという意識は，囚人が自らを監視することへと向かうからである。囚人を力ずくで抑えつける必要はない。見えない誰かから常に監視されているという意識を植えつけるだけでよい。このような効率的で，安上がりな，そしてミクロな権力の作用が，規律訓練の特徴である。

　規律訓練「以前」の古典的な権力が，目に見える権力として現れ，ときに市民を暴力的に抑圧し，あるいは「異常者」を排除し隠蔽し，犯罪を犯した者に残虐な刑罰を必要としていたのに対し，規律訓練の社会では，パノプティコン・モデルを見ればわかるように，権力は見えない存在となり，強制力が巧妙な形で行使される。規律訓練を通じて，人々は監視され，組織化され，そして訓育される。規律訓練は，何より身体に働きかけ，その結果として「従順な身体」をつくる。一望監視施設に収監された囚人が，見られているという意識からいわば自動的におとなしくなったように。さらに，監視する側（権力者）が姿を見せないことによって，監視は永続的かつ偏在的になる。いつまでも見られており，また，どこにいても見られているのだ。

　ところが，規律訓練には「肯定的な」側面さえあるとフーコーは述べている。例えば，軍隊においては，規律訓練を通じて，兵の技能は向上し，戦力は増大するであろう。工場においては，労働者の適性や能力が上昇し，生産性が上がる。学校においては，身体を健康に発達させることが目標となり，社会で「役に立つ」個人が育まれる。

　そもそも「主体 subject」という概念には，二重の意味が含まれている。"subject" はもともと「下に投げられたもの」を意味するが，それは，「自律的で自由な存在」であると同時に，「拘束され服従する存在」でもある。前者がカント的な意味での主体であるとすれば，主体＝従属する者という後者のニュアンスは，まさに，規律訓練において見ることができる。規律訓練を通じて，人はまさに従属することによって主体となる。

　近代は，名目上は，各人が自由であり平等であることが，憲法にも記されて保証される時代である。にもかかわらず，その「下層」の現実においては，不平等で，著しく不自由であることをわれわれは体験していないだろうか。フーコーは規律訓練について，次のように述べている。

　　原理上は平等主義的な権利の体系を保証していた一般的な法律形態はその基礎では，規律訓練が組み立てる，本質的に不平等主義的で不均斉な，微視的権力の体系によって，細々とした日常的で物理的な機構によって支えられていた。……現実的で身体本意の規律訓練は，形式的で法律中心の自由の下層土壌を成してきたわけである。（中略）自由を発見した〈啓蒙時代〉は，規律訓練をも考案したのだった。（Foucault, 1975＝1977：222）

　ここで言われていることは，近代の理念であり理想である自由や平等が嘘で，現実は人々に自由がなく不平等なのだということではない。というよりむしろ，啓蒙が夢見ていた，互いに自由で平等な人々の作る社会の根底において，ともに支え合うようにして規律訓練が作る現実があったということなのである。

　われわれが個人として「自由」であると感じるとき，しかし同時に，さまざまなパノプティコン・システムに「拘束」されている。しかもわれわれはその拘束や服従を，渋々ながら必要なものだとも納得しているのである。パノプティコンの囚人が，誰かに見られているという意識から模範囚となるように，誰かにあれこれ指示されなくても，自らよりよい学生，労働者，市民となる……。こうして，自律が限りなく服従に近づいていくという逆説が現実に生きられることになる。

　と同時に，時代は既に規律訓練の社会からは遠ざかっている。

　ごく簡単に規律訓練社会から管理社会への移行について触れておこう。哲学者のジル・ドゥルーズは，フーコーの議論を受けて，すでに規律訓練が退いて，管理社会に突入していることを予見していた（Deleuze, 1990＝2007：356-366)。

　簡単に両者を対比しながら見てみよう。規律訓練社会が，見ることのできない空虚な中心を持っていたのに対して（先に見た，内側が見えない見張り塔がそれである），管理社会ではもはや中心を欠いている。規律訓練がまさに身体を訓練し，規律を植え付けることを中心に動いていたのに対して，管理社会の関心は「安全」にある。また，規律訓練の社会が，人々を分割不可能な「個人individual」として扱い，またそうなるように促すのに対して，管理社会では個人は集合として扱われ，分割可能な数字として管理される。この側面は，世界のIT化と相まって，例えば消費行動がビッグデータとして集積されていく現実として日々体験されているだろう。

　ここまでフーコーの規律訓練について論じてきた。そこでは，自律をめざした近代社会がその現実においては個人を服従させ，従順な身体をつくりだす強制的な力が巧妙な形で作用していた。すなわち，啓蒙という理想と規律訓練という現実は，矛盾することなく併存していたのである。

5 啓蒙と神話

　フーコーが啓蒙の時代の「裏面」を描き出したとすれば，アドルノとホルクハイマーは，『啓蒙の弁証法』で，啓蒙がその純度を高めるほど，野蛮かつ暴力的になっていくと論じている。啓蒙のプログラムがうまく進行したために，むしろ，その反対の事態である隷属状態や野蛮が復活したと見ている。ここでは彼らによる，ホメロス『オデュッセウス』の読解を中心に見ていこう。

　アドルノとホルクハイマーにとって，啓蒙とは，「呪術」からの解放を意味している。これ自体は，社会学者のマックス・ヴェーバーが近代化について述べたことを踏まえたものである。すなわち，われわれは神秘的で摩訶不思議な力ではなく，科学的な世界観，つまり合理的思考を信じている。これをヴェーバーは「世界の脱魔術化」と呼んだ。そしてこれは「いかなる事物も原理的には計算によって支配できる」という態度である（もっとも，ヴェーバーは皮肉を込めて，単にわれわれがそのように想定してよいと「信じている」に過ぎないと指摘している）（Weber, 1919 = 1993 : 33）。

　さらに，アドルノとホルクハイマーは，啓蒙とは神話から合理性への移行であると論じる。ここで言われている神話とは，典型的にはギリシャ神話であり，その中には呪術的なもの（不思議な力を持った神々や怪物，妖精）だけでなく，それこそ暴力と死で満ちている。啓蒙が，神話的な世界から合理的な世界への移行であるというのは広く共有された啓蒙の理解であるが，彼らはここに，ひとつの逆説を見て取る。

　ホメロス作『オデュッセウス』は，トロイア戦争に出征したオデュッセウスが20年ぶりに故郷のイタケー島に帰るまでの物語である。それは最も基本的な物語の形としての，故郷に帰還する冒険譚である（われわれは後に再度『宇宙戦争』に戻って，それがどのような帰還物語になっているのか，『オデュッセウス』と比べて考えてみよう）。

　啓蒙の過程に含まれている逆説とは，次のようなことである。ひとつには，

神話の中にすでに啓蒙の要素が含まれていると見なすことができる。しかし他方で，啓蒙は神話に逆戻りしてしまう，と。啓蒙と神話の関係は，水と油のような関係ではなく，錯綜し互いに入り組んでいる。『啓蒙の弁証法』によれば，啓蒙は自己崩壊するのである。

　アドルノとホルクハイマーは，オデュッセウスという主人公が，神話という荒唐無稽な舞台の中で，一貫して合理的な行動を取ることに着目する。生きて故郷に帰ること，すなわち「自己保存」という目的のために，オデュッセウスは合理性を追求し，（時に神々の力を借りるとはいえ）沈着冷静にその知性を限りなく用いる。

　オデュッセウスの冒険は，例えば妖精の姿をした自然神たちをいかに出し抜くかということにある。オデュッセウスが魔女セイレーンの誘惑をいかに乗り越えるかを見てみよう。そこでわかることは，理性を用いることによってオデュッセウスが「主体」となるプロセスである。しかし同時に主体は，「自己保存」のために自分以外の存在を客体として支配する存在となる。

　ある島にいるセイレーンの歌声に魅惑されてその虜となれば，故郷に帰ることはできない（この場面で，オデュッセウス一行は帆船に乗っている）。オデュッセウスは部下たちに命じて，この難局を乗り越える。歌声が聞こえないように，部下たちの耳には蜜蝋を詰めさせる。また彼自身は帆柱に縛らせ，歌声に惑わされて正気を失って縄を解くように言ったとしても決して従わないようにと部下たちに命じる。ここで，オデュッセウスと部下たちの関係は，まさしく「命令を下す者」と「従う者」とに分かれている。オデュッセウスにとって，部下たちは，帰還および自己保存のための手段でしかないのだ。オデュッセウスはまた，セイレーンの歌声に耳を傾けたいという，自己の内なる欲求を完全にコントロールすることができる存在となる。こうしてオデュッセウスの冒険は，「内なる自然」と，セイレーンが体現している「外なる自然」を完全なるコントロール下に置いてみせるプロセスとなっている。

　オデュッセウスは，漂流を経て，故郷のイタケー島に帰ってくる。館では，妻のペネロペイアに求婚する男たちが住み着いて傍若無人に振る舞っている。

帰ってきたオデュッセウスは，冒険をつうじて自然の力を我が物としている。そして怒り狂ったオデュッセウスはこの男たちを皆殺しにしてしまう。もちろん物語としては，20 年帰らなかった夫に忠実な妻，それに言い寄る男たちを討つことは当然のように見える。しかし同時にそこには，自然の力の相続人としての禍々しい姿のオデュッセウスがいる。終始合理的であったオデュッセウスは怒りにまかせて自らの手を血で汚してしまう。

　オデュッセウスが体現している理性は，自己保存という目的に合わせて，自然を含めたあらゆる対象を隷従の素材へとしつらえてしまうとアドルノとホルクハイマーは指摘している。彼らは，自己保存的理性が，まさに理性の名において野蛮に手を染める逆説を見て取るのである。

6 「解放」としてのリベラル・アーツ——その先に何があるのか？

　再び『宇宙戦争』に目を向けてみよう。アドルノとホルクハイマーが読解した『オデュッセウス』に比べてみるとき，この現代のオデュッセウスたる『宇宙戦争』の主人公は，それと似ている部分はあれ，かなり異なっている部分がある。しかし，この違いの部分にこそ，現代における啓蒙のリアルがある。

　『宇宙戦争』の主人公の冒険は，当然ながら，理解不能な宇宙人たちの襲撃を回避して生き残るという「自己保存」を目的にしている。ここで主人公は，巨大なイカのような乗り物に乗る宇宙人の攻撃に圧倒される多くの人たちと行動をともにしながら，機転を利かし，また，鋭い観察眼で危機を脱する。その意味で，オデュッセウスと同様，彼もまた理性的存在である。宇宙人の襲撃後，世界中の自動車がどういう訳か動かなくなっている中，彼は車を動かす方法を見つけることができた。そして，ついに宇宙人に捕らえられた彼が，宇宙船内で危機一髪，手榴弾を爆発させて逃れる場面，あるいは，宇宙船のシールドがなくなっていることに気づく場面は，まさにそのことを示している。

　しかしながら，彼が古典的な英雄のように宇宙人を倒すことはない。という

のも，襲撃してきた宇宙人たちは地球上の細菌（ある植物が持っている，それま
で特に役に立つとも思われていなかった細菌）に感染して自滅してしまうからで
ある。主人公たちは，いわば偶然によって救われたに過ぎない。人間はみずか
らの力によって宇宙人を制圧したわけではないのである。

　オデュッセウスの冒険が華々しい帰還物語であったのに対して，この映画
は，トム・クルーズが別れた妻の元に子どもたちをただ送り届けるだけのスト
ーリーである（先に見たように，長男とは途中で別れてしまうが最後に合流する。
彼は宇宙人と戦う軍隊に入ろうとして失敗したのだ）。離婚した妻は，我が子を無
事に届けてもらって感謝しこそすれ，彼に抱擁することさえしない。このカタ
ルシスのなさ，「肩すかし」の感じのために，この映画は何か物足りないと感
じる向きもあるかもしれない。しかしこのカタルシスの欠如（あるべきカタル
シスが「ない」こと）にこそ，われわれは現代の啓蒙のアクチュアリティを見
るべきではないだろうか。

　彼を待っているのは，おそらく宇宙人襲来以前と同じ生活である。彼はまた
日々働く生活に戻るだろう。しかし，同じ生活に見えるとはいえ，やはりその
生活は以前と少し違うのではないだろうか。なぜなら危機を乗り越えた今，彼
はもはや以前の彼ではないからである。しかしオデュッセウスのように，冒険
を通じて自然の魔力を身につけること（啓蒙が野蛮に逆戻りすること）によって
変わったのではない。傍目には何も変わっていない。しかし，彼はあれ以来，
ほんのわずかな変貌を遂げているはずなのだ。それは彼だけが知っている。

　カントの啓蒙の定義が，「未成年状態」を「抜け出す」ことであったことを
想い起こそう。そして「抜け出す」ことの意味を，ここではあえて拡大して考
えてみよう。すると，それが何より，おのれ自身をあらゆる囚われから「解
放」することであることが見えてくる。そして同時にリベラル・アーツの
"liberal" には「解放 liberation」の意味が含まれていることを想い起こそう。

　しかし抜け出た先に，われわれは安易な「解放」のイメージを描くことはで
きない。旧弊な考えやさまざまな偏見，囚われから「抜け出す」運動は，決し
て一度限りではなく，何度でも繰り返されねばならない。その抜け出た「先」

に何があるかは誰にもわからない。それは，それぞれがその身をもって体験するしかない未知の領域なのだ。

参考文献

Deleuze, Gilles (1990) *POURPARLERS: 1972-1990*, Paris：Éditions de Minuit.（= 2007，宮林寛訳『記号と事件—— 1972-1990 年の対話』河出書房新社）

Foucault, Michel (1975) *Surveiller et punir: naissance de la prison*, Paris：Gallimard.（=1977，田村俶訳『監獄の誕生』新潮社）

Foucault, Michel (1994) *Le gouvernement de soi et des autres: cours au Collège de France* (1982-1983), édition établie sous la direction de François Ewald et Alessandro Fontana, par Frédéric Gros (Hautes etudes), Paris：Seuil.（= 2002，小林康夫・松浦寿輝・石田英敬その他訳『ミシェル・フーコー思考集成 10 ——倫理・道徳・啓蒙』筑摩書房）

Horkheimer, Max & Theodor W. Adorno (1947) *Dialektik der Aufklärung: philosophische Fragmente*, Amsterdam: Querido.（= 2007，德永恂訳『啓蒙の弁証法——哲学的断想』岩波書店）

Kant, Immanuel (1784) "Beantwortung der Frage: Was ist Aufklärung?" *Kant's gesammelte Schriften*, herausgegeben von der Königlich Preußischen Akademie der Wissenschaften, IKS e.V., 1994, Bonn: INCOM.（= 2006，中山元訳『永遠平和のために／啓蒙とは何か』光文社）

Weber, Max (1919) *Wissenschaft als Beruf*, Reclam.（= 1993，尾高邦雄訳，マックス・ウェーバー『職業としての学問』岩波書店）

第3章　文学I

"文学"とは何か？

——文学理論の視点から——

1 "文学"のイメージ

　"文学"という言葉を耳にして，あなたがイメージするものは何だろうか。例えば，夏目漱石や森鷗外といった作家の名前だろうか。新しいところで村上春樹を思い浮かべる人もいるかもしれない。あるいは，「おかたい」文章の羅列といったイメージか。いずれにせよ，多くの人が中学や高校のとき耳にしてきた作家や，国語の授業，教科書に多くを負っているのではないだろうか。

　しかしながら，30年ほど前，筆者がまだ大学生であった頃，村上春樹は文学とは認められていなかった。彼の作品は"ポップ・カルチャー"というジャンルに分類され，今でいうところのライト・ノベルやマンガと同等の扱いだったように思う。実際，文芸批評家や文学研究者からの，「こんなものは文学じゃない」といった主旨の文章をしばしば目にした記憶がある。それがたった30年の間に，国語の教科書に載り，ノーベル文学賞が期待される文学者としてちやほやされるようになってしまう。また，夏目漱石にしても，彼の生きている折，彼は文壇（文学者の形成する社会）の中心どころか，その外に位置する人間だったといっていい。それが100年ほど経つうちに，押しも押されもせぬ"文学"の中心に祭り上げられ，日本を代表する国民的な作家になってしまった。

　もっといってしまえば，そもそも"文学"じたいがかつてはマンガ＝サブ・カル的な扱いだった。家で夏目漱石を読んでいたら，「そんなくだらんものを読んでいる暇があったら勉強しろ」と叱責されてもおかしくない時代があっ

た。それが現在では，「夏目漱石ぐらいは読んでおけ」といった大人をしばしば目にするほどだ。筆者は夢想するのだが，そうしたタイプの大人たちが，漱石の生きている時代に生きていたら，多くのひとが彼を読むことを叱責する側にまわったのではないかと思っている。もちろん，それは筆者の邪推にすぎない。しかし，"文学" が現在イメージされる相貌とはおよそ異なるものであったことは確かなことだといえよう。

　"文学" の領域を画定する境界は，絶えず変動してきた。哲学者のミシェル・フーコー（Michel Foucault）は，西洋において，現在のような "文学" 観は 19 世紀以降のものであるという考えを提示している。日本でも，そうした西洋の "文学" 観をもとに形作られていった明治期以降の "文学" の在り方が日本近代文学と呼ばれている。現在私たちがイメージする "文学" の観念は，たかだか百年ちょっとの歴史しかもたないのだといえる。しかも，そのあいだにあってすら，変容を続けてきたのである。

　ここで改めて問うてみる。果たして "文学" とは何なのか。

　本章では，この問いを，"文学" の本質はどこに在るのか，という視点から考えていきたい。

2 さまざまな文学の定義

　"文学" とはかくかくしかじかのものである，と定義するならそれはどのようになるのだろうか。本節では，"文学" についてのさまざまな定義を，英国の文学研究者であり文芸批評家でもあるテリー・イーグルトン（Terry Eagleton）の著作『文学とは何か――現代批評理論への招待』（1983）を参照しつつみていきたい。

　さて，今かりにもし「あなたが "文学" と聞いて思う浮かべる作品は？」と聞かれたなら，どんなジャンルの作品を思い浮かべるだろうか。多くの人が小説作品を思い浮かべるのではないだろうか。もちろん，他のジャンルの作品を思う浮かべる者だっているだろう。しかし，中学や高校時代に推薦図書であげ

られる本の中心は小説であるようにみうけられる。そのせいか "文学" といえば小説というひとは少なくない。そしてそんな多くの人にとって，"文学" を以下の様に定義されたとしたらそれなりのリアリティがあるのではないだろうか。

　　文学とは「想像的（イマジナティヴ）」な文字表現（writing）──真実をありのままに語らない文字表現──である，つまり，文学とは虚構（フィクション）だという定義である。(テリー・イーグルトン，1985：5)

　私たちが目にする多くの小説作品は，つくりものである。"文学" と聞いて小説作品を思い浮かべるひとなら，この定義は自然に感じられるかもしれない。しかし，文学とされる作品には，実際に起きた日々の出来事をつづった随筆というジャンルも含まれる。また，かつて日本の文壇の中心をなした私小説というジャンルは，作者自身を主人公とし，自分の経験的な出来事を虚構を排して描いたものとされている。そうなると「文学とは虚構（フィクション）だ」とは必ずしもいえないことになる。さらにいうなら，この定義の根拠となる，事実か虚構（フィクション）かという二分法は，その境界じたいが曖昧である。というのも，たとえ事実を描いているつもりであっても，そこに価値判断が紛れ込む可能性を考えると，そもそも事実というものがどこまでが客観的なものといえるのか判然としなくなるからである。したがって，この定義を正解というには無理がありそうである。

　そこで次に，書かれている内容ではなく，書かれ方のほうに目を向けてみる。いま「文学を文学たらしめるのは，ある特殊なやり方で言葉を駆使しているかどうか，で決まる」(同上書：4) と考えてみよう。文学者が，言葉の使い方に長（た）けた人々と考えるなら，この定義にもある種のリアリティを感じることができるのではないだろうか。実際に，ロシア・フォルマリストと呼ばれたロシアの文学研究者たちは，この方向で文学を捉えようとした。「日常言語を変容させそれを凝縮するのが文学である，日常的な言語から逸脱するのが文学である」(同上書：4) と考えたのである。

　たとえば，宮沢賢治の作品には独特な擬音語（オノマトペ）がしばしば登場する。国語の教科書にも登場する「やまなし」という作品には，「クラムボンはかぷかぷ笑ったよ」とある，普通なら「ケラケラ笑ったよ」というところであろう。他にも，普通なら「びゅうびゅう」といってしまいそうな風の音が「どっどどどどうどどどうどどどう」（『風の又三郎』）と表現されていたりと，彼の作品のいたるところにそうしたかわった擬音語（オノマトペ）がでてくる。この不思議な感じの音の表現に，私たちはたしかに宮沢賢治の作品らしさを感じる。もし，宮沢賢治がそうした言葉のセンスをもたず，「ケラケラ」「びゅうびゅう」とあたりまえの表現をする作家だったとしたら，いまのように歴史に名を遺す作家となっていたであろうか。もちろんそれはありえない仮定であるが，少なくともそうした特異な言葉の使い方に，彼の文学的本質の一端をみることは自然なことのように思われる。

　ロシア・フォルマリストたちは，こうした日常的な言語から逸脱した言語の在り方を「異化」と呼び，文学言語に特有な技巧とみなした。そして，文学作品をこの技巧のさまざまな組み合わせとして捉えたのである。

　しかしながら，文学言語を規範からの逸脱とみるこの定義も，すべての文学作品に妥当するわけではない。技巧的な表現を使わず平易で日常的な言語で書かれた作品だって多数存在する。また，逆に技巧的で突飛な表現が日常生活で使われたからといってそれが必ずしも“文学”となるわけではない。そして，なにより問題なのは，「異化」の本質が規範（＝日常的）／逸脱（＝非日常的）の構図にあるとするなら，歴史的コンテクスト，社会的コンテクスト，文化的コンテクスト等々により規範が変化してしまえば，作品が「異化」作用を失い文学として認められなくなることもありうるということである。そこには本質的な実体はない。「異化」作用が，ある種の文学性を感じさせる機能的なファクターであることには異論がないとしても，“文学”の本質をなす定義とまではいえないのである。それでは，どのように捉えればよいのか。

　ここで，いまみてきた「異化」に関わる，いまひとつの問題点に着目してみる。それは，「どんな文字表現でも，ひねった見方をすれば，異化作用として

読めないものはない」（同上書：11）ということである。この見方は，「異化」作用の本質を，規範（＝日常的）からの逸脱（＝非日常的）に求めるのではなく，表現じたいに注意を向けさせる「自己言及」的な在り方，言い換えれば言葉に違和感を感じさせ注目させる在り方にみるところからきている。

　たとえば，「国境の長いトンネルを抜けると雪国だった」という文章がある。川端康成の『雪国』の冒頭の文章としてあまねく知られており，これを文学的な文章とすることに異論のある人は少ないだろう。しかし，それは，ノーベル文学賞を受賞した作家の代表作『雪国』の文章であるからという，文化的なコンテクストに依っているからといえるのではないか。もしかりに『雪国』という作品が存在せず，この文章が，普通の高校生の日記に書かれた文章に過ぎなかったとしたら文学的な文章とされたであろうか。もちろん一介の高校生の日記の文章であろうと文学性を有することはありうる。その場合であっても，この言葉ひとつひとつはなんてことのない，日常的な言葉でつづられた平易な文章である。それが文学的なものとなるのは，そこに日常とは別のコンテクストが与えられ，この文章じたいに普遍的な深い意味や味わいを感じさせるものがあるとされるようになったときではないのだろうか。

　そこでイーグルトンは，こうした言葉（＝語り）じたいに注意を引き付ける在り方から，次のような文学の定義を抽象してみせる。

　　　文学とは，「非＝実用的（ノン・プラグマティック）」な言説といってよいかもしれない。（中略），文学は直接的なかたちで実用的目的をはたさない。文学とは，一般的な事柄について語っていると考えるべきものということになる。（中略）。語られている対象の現実性ではなくて，語りに焦点をあわせるこのやり方は，文学とは一種の〈自己言及的（セルフ・リファレンシャル）〉な言語だという場合によく例に出される。〈自己言及的〉な言語とは，言語それじたいについて語る言語ということである。（同上書：13）

この定義であれば，日常的で平易な言葉によって語られた作品が文学として

認められることにも合点がいく。だがその一方で，この定義は専ら語りに注意を向けるあまり，語られた対象や出来事がもつ価値や意義が文学に占める役割を見落としてしまうことになる。そしてさらに問題なのは，語りへの注意の向けられ方が，個々の作品の読まれ方にかかっているということだ。たとえば，歴史書，あるいは哲学書として書かれたものが，時代を経て文学として読まれることもあれば，その逆もあるであろう。注意の向け方そのものが，時代や社会によって変化してしまうのである。ここまでくると，"文学"を，内的な本質，実体的な特性によって定義することはもはや不可能にみえてくる。

こうしてイーグルトンは，次のような定義に行きつくことになる。

文学とは，人間と文字表現〔ライティング〕との関り方，その関り方の総体だというように考えることができる。（中略）「文学」とは，高く評価されている文字表現〔ライティング〕であるという定義を考えてみると，これはなかなかうがったものと言えそうだ。（同上書：14-17）

その時代，その社会，その文化によって「高く評価」されている文字表現〔ライティング〕が"文学"というのであれば，本章の冒頭で指摘したように，たとえば夏目漱石や村上春樹といった作家の文学者としての評価が変遷する事態を説明できる。イーグルトンも，「現代的な意味の文学は十八世紀の終り頃に発案され，この変化には，チョーサー（Geoffrey Chaucer），あるいはポープ（Alexander Pope）〔英文学史に名を刻む詩人たち〕でさえも目を丸くにしたちがいない」（同上書：30）と述べている。

私たちは，意外にもそうした曖昧な領域の文字表現〔ライティング〕を，"文学"と呼んでいるのである。ここから見えてくるのは，次のような結論である。現在，歴とした"文学"作品と認められているものも，いずれは"文学"と認められなくなるかもしれない。逆に，今，大衆受けしているだけのくだらない娯楽作品と低く評価されている作品が，何年後かに素晴らしい"文学"作品として認知されるかもしれないのである。

　おそらくこのことは芸術作品に共通する問題ともいえる。たとえば，現在，ビンセント・ヴァン・ゴッホ（Vincent van Gogh）の絵画を一級の芸術作品とすることに疑いをはさむひとはそう多くないだろう。仮に今，彼の未発表作品が発見されたなら，葉書一枚分の大きさであっても億単位の金額で取引されるかもしれない。しかし，彼の存命中，そんな値段で彼の作品を買いとる人がいただろうか。そもそも彼の作品は芸術作品として認められていただろうか。もちろん慧眼な人物がゴッホの才能を先見的に見抜いていた可能性はある。しかし，多くのひとにとっては"芸術"作品ではなかった。いや，"芸術"という領域じたいが現在のそれとは違っていたと考えられる。つまり"芸術"も"文学"同様，その時代，その社会，その文化によって「高く評価」されている創作表現といいうるものなのである。

　こうした見方は，"文学"にせよ，芸術"にせよ，創作物を，それが受容される在り方から捉えるという意味で，研究領域的には，受容論（"文学"の場合は読者論）と呼ばれたりする。日本近代文学の研究領域では，前田愛が 1970 年代から 80 年代にかけてもち込み広めていった比較的新しい考え方といえる（たとえば前田愛『近代読者の成立』（1973），『文学テクスト入門』（1988））。本章が依拠しているイーグルトンの『文学とは何か──現代批評理論への招待』もそうした文脈の中で受容されていった書物である。しかし，それまでの旧い"文学"観をもった人々にすんなり受け入れられたわけではない。むしろ，つよい抵抗感をもって受け取められたというのが実状だったように思う。それでは，なぜそのような抵抗感を生じさせたのか。それは，それまで支配的だった"文学"観を原理的に否定するものであったからである。

　そこで次節では，受容論的な文学理論の代表ともいえるロラン・バルト（Roland Barthes）のテクスト論についてみていきたい。

3 テクスト論

　バルトのテクスト論を理解するには，コミュニケーションにおけるコードと

呼ばれるターム（用語）を理解しておく必要がある。そこでまず触れておきたいのは古典的なコミュニケーション・モデルである。

　いま，コミュニケーションの行為を，発信者が伝えたいと思う思考内容を受信者へと伝達するプロセスと考えてみる（図3-1参照）。その場合，発信者が頭の中で考えた思考内容を直接受信者の脳内に送ることはできない。例えば，携帯電話を例にとってみよう。発信者は，まず伝えたい内容を言語化し音声化する。その音声を携帯電話が電気信号に変換し，さらには電波に変換して，受信者の携帯電話に送付することになる。送付された電波を受信した受信者の携帯電話は，それを電気信号，ついで音声データに変換し，受信者の耳元へ届ける。受信者は，この音声データを，言語の意味として解読し，ようやく思考内容が伝達されたことになるのである。このプロセスで重要なのは，伝えたい内容を言語化するコード（変換規則），それを電気信号に変換するコード，さらには，そのまた電気信号を電波に変換するコードが，発信者側と受信者側との間で共有されていなければならないということである。ここでは，そのコードを，「メッセージの意味作用を可能とさせる規範，規則，制約の組織体」と定義しておこう（ジェラルド・プリンス 2015：36）。

　このコードによる解読過程を，読書行為にあてはめた分析がテクスト分析と呼ばれる方法である。ロラン・バルトは『S／Z』（1970）という作品において，

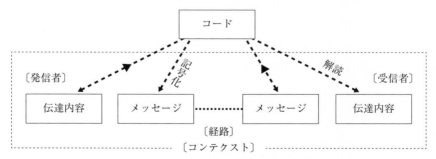

図3-1　コミュニケーション・モデル

出所）池上嘉彦（1984）『記号論への招待』：39

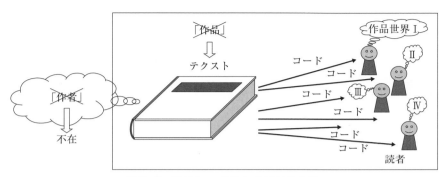

図3-2　ロラン・バルトのテクスト論

オノレ・ド・バルザック（Honoré de Balzac）の『サラジーヌ』という小説を，5つのコードから解析することにより，読書行為において生じる複雑なコードの絡み合いを析出してみせた。これにより，私たち読者が，書物に書かれた言葉に対し，複数の恣意的に選択されたコードを用いることで，その作品世界を各人の頭の中に作り上げていることが明らかとなったのである。

　この分析で重要なことは，それらコードの選択や働きが，読者に応じて異なり，一義的な意味に確定することが原理的に不可能であるという結論を導いたことにある。なぜなら，それは従来の文学史の常識を覆すものであったからだ。

　バルザックの『サラジーヌ』は一般的に文学史上リアリズムの小説とされてきた。リアリズムというのは，現実を重視して写実的に描く芸術上の立場をさす。それが小説であれば，現実の社会や出来事をありのままに写しとって描かれた小説ということになる。『サラジーヌ』はその代表的な作品とされてきたのであるが，バルトのテクスト分析が明らかにしてしまったのは，書かれたものから誰一人として同一の現実を読み取ることはないということ，つまり，現実は言語によって再現できないということであった。たとえばひとりの読者にあってすら，数週間前に読んだ本がいま読んでみると印象が全く違っていたなんてことはしばしばある。つまり，同一人物が同じ作品を読んでもその都度選

択されるコードは異なり，作品世界は違ってくるということである。そしてそれは「現実を重視して写実的に描く」こと，すなわちリアリズムの不可能性を意味した。というのも，現実＝事実＝作品世界はひとつであり，その都度異なってはならないからだ。そしてそれゆえに，それまでの文学史の常識が瓦解しかねない問題であったのである。従来の“文学”的教養をあたりまえと思ってきた人々が，このバルトの仕事に抵抗感を抱いたとしても不思議はない。

くわえてバルトのテクスト分析がもつもっと重要な側面がある。

それは“文学”史にとどまらず，近代の批評や文学研究のパラダイムとなる言語観そのものを脅かすものであったことである。実は私たちが中学や高校で学ぶ国語の授業なども，この近代的な批評・文学研究のパラダイムに属している。そこでは，次のような言語観が前提とされている。それは，「現実」や「私」のいいたいことを言葉によって言い表すことが（表現）でき，適切に読まれればそれを伝達することができる，言語はそのための道具（媒体），とみる捉え方（言語観）である。いま，この言語観を，部屋の中から窓ガラスを通して外を眺める際，ガラスをきれいに磨いて透明にすれば外界をありのまま見ることができる状況に喩えて，“言語の透明性”あるいは“透明な言語観”ということにする。リアリズムがこの“透明な言語観”を前提にしていることは，みえやすい理であろう。また，中学や高校の国語の試験で，「次の文章の下線部の意味を正確に表しているものを選択肢の中から選べ」といった問題が成立するのも，この“透明な言語観”を前提にしているといえよう。

これに対し，バルトのテクスト論が提示したのは，“透明な言語観”の不可能性，いわば“言語の不透明性”ともいうべき言語観であった。近代的な批評・文学研究は，「作者（作家）」の「言いたいこと」が表現媒体の言語を介して「伝達」されうる，という“言語の透明性”を前提にしているからこそ，読解の真理性や，作家像を論じる作家論の意義を自明のものとできた。しかし，バルトのテクスト論は，それが原理的に不可能とする言語観を提示するものであったのである。さらに，バルトはこの原理的な不可能性を推し進め，「作品」という概念を捨てて「テクスト」という概念に転換すべきだと説く。

　　テクストとは「織物」（tissu）という意味だ。これまで人々はこの織物
を製造されたもの，その背後に何か隠された意味（真理）を潜ませている
でき合いの遮断幕のようなものだと思い込んできた。今後，私たちはこの
織物は生成的なものであるという考え方を強調しようと思う。すなわちテク
ストは終わることのない絡み合いを通じて，自らを生成し，自らを織り
上げてゆくという考え方である。この織物――このテクスチュア
（texture）――のうちに呑み込まれて，主体は解体する。おのれの巣をつ
くる分泌物のなかに溶解してしまう蜘蛛のように。（難波江和英・内田樹，
2004『現代思想のパフォーマンス』光文社：114-115）

　「作品」という概念には，それが「作者」の「言いたいこと」が表現された
「作者」の所有物という考えが付随してしまう。この考えを転換するには，「作
品」という概念を捨てるべきだと主張するのである。したがって，これに伴い
「作品」の所有者を連想させる「作者」という概念も，バルトにとっては断罪
の対象となる。

　　テクストはさまざまな文化的出自をもつ多様なエクリチュールによって
構成されている。そのエクリチュールたちは対話を交わし，模倣し合い，
いがみ合う。しかし，この多様性が収斂する場がある。その場とは，これ
まで信じられてきたように，作者ではない。読者である。（中略）テクス
トの統一性はその起源のうちにはなく，その宛先のうちにある。（中略）
古典批評は一度として読者を考慮したことがなかった。古典批評によれ
ば，文学のうちには書き手しかいないのだ。（中略）エクリチュールに未
来を返すためには，この神話を転覆しなければならない。読者の誕生は
「作者」の死をもって贖われなければならない。（同上書）

　テクストを生産した作家の存在を否定しているのではない。「背後に何か隠
された意味（真理）」として「作者」の言いたいことを読み取るよう強いてし

まう「作家」という観念を否定しているのである。そもそも作家自身，恣意的な複数のコードを用いて言語化しているとするなら，書かれたテクストが彼の言わんとするものを再現している保証はどこにもない。むしろ，作家自身がテクストから"言わんとするところ"のものを最初に読み取る「読者」なのではないか。しかもそれは，実際の読者と一致することはないというのがテクスト分析の帰結であった。かくして，バルトは，テクストにおける「作者」の不在を宣言することになる。「作品」にせよ「作者」にせよ，バルトにとってそれらは"言語の不透明性"覆い隠す観念的な装置であった。それらを解体することで，バルトは新たな読みのパラダイムを提示しようとしたのである。

4 言語の不透明性

さて，"文学"とは何なのか，"文学"の本質はどこに在るのか，という問いからはじまった本章の考察は，"文学"が，時代・社会・文化における「評価」に左右される文字表現（ライティング）だという定義を経て，"文学"が前提としてきた近代的パラダイムを否定するまでに至ってしまった。それはある意味で"文学"の不可能性ともいえる事態ではないのか。そうであるならば，ことここに至って，"文学"を学ぶ意義はどこにあるのだろうか。

ここで指摘しておきたいことがある。それは，「現実」や「私」のいいたいことを言葉によって言い表すことが（表現）できないという，"透明な言語観"の否定は，"文学"のみならず，現在，人文諸科学が共通して抱える課題となっているということである。

たとえば，歴史学は歴史的な「事実」を明かす仕事といえる。しかし，バルト的な"言語の不透明性"を前提にすると，言語を用いる限りその探求は原理的に不可能ということになる。実際，歴史学の領域では，歴史的事実を語りうるのか，という点をめぐって世界的な論争が行われている。

この論争の起源には，歴史的認識とはなにか，歴史における「真実」はな

にか，という問題が存在している。そこで，ここではまずもって，この問題に言及すべきであろう。ヘイドン・ホワイト（Hayden White）の立場の意味しているところが問われなければならないのは，この始点においてである。（中略）。

　ホワイトのいまではもう有名な立場は，伝統的な歴史的理解のありかたを根本的に定義しなおすことによって，あるひとつの歴史解釈の理論を体系化することをめざしている。いわく，言語じたいが歴史叙述に修辞形式の限定された選択を強いて，なんらかの特殊なプロット化の様式，説明のモデル，そしてイデオロギー的姿勢をとらせる。しかも，この選択をおこなうのを逃げることはできないところから，歴史的事件を解釈するさいの解釈のしかたの相違が生じてくる。あるひとつの解釈が他の解釈よりも真実であるということを決定するための「客観的」，外的な基準は存在しない。この意味においては，ホワイトは歴史へのポストモダン的アプローチと名づけうるものに近いところにいるとみてよいであろう。（ソール・フリードランダー，1994：24-25）

　引用文中の議論に出てくるヘイドン・ホワイトの立場とは，ロラン・バルトによるテクスト論以降のパラダイムをさしている。彼らが必死になって議論をしているのは，「事実」を語ることの不可能性，そこにある"言語の不透明性"を前提として，これを超えていく可能性を模索してのことなのである。

　また地域文化研究の領域，とりわけポストコロニアル研究と呼ばれる分野においては，研究対象となる地域の人々（他者）を語りうるのかが問われている。

　「サバルタンは語りうるか」（1985）でスピヴァク（Gayatri Chakravorty Spivak）は，私たちに「サバルタン」もしくは抑圧された主体の声を回復することはできないとしている。フーコーのようなラディカルな批評家ですら，人間主体を徹底して脱中心化していながら，抑圧された主体は自分自身のために語ることができると信じる傾向にある。これはフーコーは植

民地支配が持つ抑圧的権力について考えておらず，特に歴史的に植民地主義が家父長制とどのように交錯していたかを考えていなかったからだとスピヴァクは言う。スピヴァクはインドの未亡人殉死に関する植民地主義的な論争に注目し，植民地支配と家父長制が一体となって働くと，サバルタン（この場合夫の火葬の薪で焼き殺される未亡人）が語って自分の考えを分節化することは極度に難しくなることの具体例としている。既に述べたとおりラタ・マニ（Lata Mani）などの学者が，サティー［寡婦の殉死］を禁ずる英国政府の法律周辺の長々しい論議や論争では，夫の火葬の薪でサティーとして焼き殺される女性は，主体としては不在だと示した。この不在・欠如を，スピヴァクは抑圧された主体の声を回復することの困難さの象徴であるとし，「（セックス化された）サバルタン主体がそこから語ることができる空間は存在しない」ことの証明としている。（アーニャ・ルーンバ著，吉原ゆかり訳，2001：280−281）

　引用文中のサバルタンとは，社会階層的に支配され，歴史的にも文化的にもみずからを語る言葉を持たない弱者をさす。その弱者（他者）を語る（表象する）ことの不可能性の認識は，やはり，ロラン・バルトによるテクスト論以降のパラダイムが前提となっている。そしてその上で，"言語の不透明性"を超えていく可能性が模索されているのである。

　いま，例として取り上げたのは一部にすぎないが，同様の問題は，他の人文社会科学の領域でもその先端では意識されているといっても過言ではないように思う。

　筆者がうけもつ"文学"および"比較文化論"の講義では，先述したロラン・バルトをはじめ，"言語の不透明性"の超克を志向する文学理論や読みの方法を紹介していく予定である。もちろんそこで紹介する理論家たちの理論や方法が成功しているとはいえず，依然，模索の過程に過ぎないものかもしれない。しかし，私たちが新たな表現（言語）のパラダイムをみいだしていく手掛かりは，そうした営為を学ぶところから始めるしかないのではないだろうか。

　　ひとり"文学"のみならず人文諸科学にとっての，新たな"語り"，表現
（言語）の新たなパラダイムをみいだしていくための修養，ここに"文学"を
学ぶことのひとつの意義があると筆者は考えている。

参考文献

池上嘉彦（1984）『記号論への招待』岩波書店

夏目漱石（2007）『文学論　上』岩波書店

難波江和英・内田樹（2004）『現代思想のパフォーマンス』光文社新書

前田愛（2001）『近代読者の成立』岩波書店（初版：1973）

前田愛（1993）『文学テクスト入門』筑摩書房（初版：1988）

テリー・イーグルトン著，大橋洋一訳（1985）『文学とは何か──現代批評理論への
　　招待』岩波書店（原典初版：1983）

スピヴァク，G. C. 著，上村忠男訳（1998）『サバルタンは語ることができるか』みす
　　ず書房

ロラン・バルト著，沢崎浩平訳（1973）『S／Z ──バルザック『「サラジーヌ」の構
　　造分析』みすず書房（原典初版：1970）

ロラン・バルト著，花輪光訳（1978）『物語の構造分析』みすず書房

ミシェル・フーコー著，渡辺一民・佐々木明訳（1974）『言葉と物──人文科学の考
　　古学』新潮社

ソール・フリードランダー編，上村忠男・小沢弘明・岩崎稔訳（1994）『アウシュヴ
　　ィッツと表象の限界』未來社

ジェラルド・プリンス著，遠藤健一訳（2015）『改訂物語論辞典』松柏社

アーニャ・ルーンバ著，吉原ゆかり訳（2001）『ポストコロニアル理論入門』松柏社

第4章　文学Ⅱ

文学の普遍性

1　文学とは何か

☞ 1-1　はじめに

「文学とは何か」といきなり問われても，すぐに「文学とはこういうものだ」と答えられる人はそう多くはないだろう。現代社会講座の，経済学は経済を，政治学は政治を，法学は法律を，社会学は社会のことを，心理学は心理を，哲学は思想を学ぶというように，およそ科目名から学ぶ内容は推し量ることが出来る。それに対し「文学は文学を」といってもその「文学」が何をさしているのかわからないままだ。結局「文学とは何だ」と堂々巡りをすることになる。

そこではじめに，「文学とはいったい何か」を考えたい。

☞ 1-2　言語で書かれているもの

音楽を文学とはいわない。美術や映画や写真も文学ではない。それらは音符や線や色や映像や画像で表現している。文学は何を使って表現するか。文字つまり言葉，言語で表現する。それでは言語で書かれたものはみな文学か。否である。例えば六法全書や新聞記事や経済白書やパソコンの説明書は，文学とはいわない。

では，何を言語で表現したら文学になるのだろうか。

☞ 1-3　心情・感情など人間の感情の機微を表現しているもの

漠然とこれは文学と認識しているのは「小説」だろう。それでは「小説」と

はどういう特徴を持っているだろうか。次に挙げる作品はみな小説である。人間世界を猫の眼を通して描いた夏目漱石の『吾輩は猫である』，冒険を描いたマーク・トウェインの『トム・ソーヤの冒険』，ホームズとワトソンの謎解きが描かれたアーサー・コナン・ドイルの『シャーロック・ホームズの冒険』。これらは国や時代や表現方法はさまざまだが，みな著名な小説家が書いた物語である。

　これらには共通点がある。みな散文で虚構の世界を描いたものだということ。さまざまな体験を通して，登場人物の感情の動きが描写されていること。つまり小説が六法全書や新聞記事と大きく異なる点は，人間の心情が描かれているかどうかということではないか。さらにいえば，読者が，読みながらその小説世界に入り込み，思い思いのイメージを作り上げ，登場人物の体験を疑似体験しながら，喜怒哀楽をその中で感じることができる。

　では，小説以外に言語で表現され，かつ喜怒哀楽を表現しているものにはどのようなものがあるだろうか。

☞　1-4　俳句・川柳・短歌・長歌などの詩，戯曲

　俳句は 17 音，短歌は 31 音，それ以上の長さの長歌など日本古来の短詩や，歌曲も含めた詩・漢詩といった韻文の中にも，季節感や人生の哀歓・怒り・苦しみ・悩みは表現されている。例えば，芭蕉の「五月雨を集めて早し最上川」は，夏の大雨が降る中，水量が多くなりゴーッという不気味な音も聞こえてくるような最上川をイメージする。また与謝蕪村の「菜の花や月は東に日は西に」は，黄色の菜の花が一面に咲く中，西側に太陽が沈みつつ，東側から月も出てくるという雄大でゆったりした情景を目に浮かべることは容易である。画家であった蕪村が表現したものといわれて首肯出来るだろう。

　上演を前提とする戯曲は，場面展開の中で登場人物の表情や動作に，読者は感情表現を読み取る。例えばシェークスピアの『ハムレット』は，ハムレットが，自分の父の復讐のため，叔父と母を倒さなければならない苦悩や悲しみを描いているが，読者はそれを読み取ることを求められる。

さて，このように小説以外にも，文学の中に含まれる分野はたくさんある。

☞ 1-5　どのようなジャンルが文学に入っているか

1-3で小説は虚構であると書いたが，写実的に表現したもの，ありのままに表現したものも，文学の一分野を成す。例えば，『古事記』「風土記」といった歴史書，『平家物語』など合戦を描写した軍記，『徒然草』『方丈記』などの随筆，『更級日記』『アンネの日記』といった日記，『今昔物語集』などの説話。この文学ジャンルのくくりを規定する絶対の決まりはない。

☞ 1-6　文学の重要性

以上述べてきたことから，およそ文学とはどんなものかが理解出来たのではないだろうか。では，この文学を学ぶこと，親しむことはどのような意味価値があるのか。

登場人物の体験に伴う感情の揺れに対し，共感したり反発したり，批判したりすることだ。さらに，作者が作品の中で訴えたかったことは何かを読み取ることが望まれるし，作者はそれを望んで，作品を創造するといってよい。そしてその訴えは，普遍の問題として読者に課される。例えば，森鷗外の『高瀬舟』に描かれている安楽死の問題。同じく鷗外の『最後の一句』から自己犠牲の問題。権力の絶対性への疑問。夏目漱石の『こころ』から人間の利己主義の問題というようにだ。

これらの問題を，作品を通して，自分だったらどうするか，どうすべきか，どうしたらよかったのかといったことを考えることこそ，文学の大きな価値といえるだろう。

2　作品を通して文学を考えてみよう

では，実際に文学作品を味わってみることにする。ここでは，高等学校のほとんどの国語教科書に採択され，読んだことがある人も多い芥川龍之介の『羅

生門』を取り上げた。

　文学作品を深く掘り下げて理解するためには，原作を忠実に読み解くことと，作者の生涯や執筆背景についてたどることを勧めたい。

　今回は，龍之介の生涯を簡単にまとめたものと，龍之介自身が『羅生門』執筆状況に言及した文章を資料として掲載した。これらを合わせ読むことから龍之介が『羅生門』で何を言いたかったのかを考えたい。

☞　2-1　芥川龍之介『羅生門』

　　『羅生門』　　　芥川龍之介

　ある日の暮方の事である。一人の下人が，羅生門の下で雨やみを待っていた。

　広い門の下には，この男のほかに誰もいない。ただ，所々丹塗の剥げた，大きな円柱に，蟋蟀が一匹とまっている。羅生門が，朱雀大路にある以上は，この男のほかにも，雨やみをする市女笠や揉烏帽子が，もう二三人はありそうなものである。それが，この男のほかには誰もいない。

　何故かと云うと，この二三年，京都には，地震とか辻風とか火事とか饑饉とか云う災がつづいて起った。そこで洛中のさびれ方は一通りではない。旧記によると，仏像や仏具を打砕いて，その丹がついたり，金銀の箔がついたりした木を，路ばたにつみ重ねて，薪の料に売っていたと云う事である。洛中がその始末であるから，羅生門の修理などは，元より誰も捨てて顧る者がなかった。するとその荒れ果てたのをよい事にして，狐狸が棲む。盗人が棲む。とうとうしまいには，引取り手のない死人を，この門へ持って来て，棄てて行くと云う習慣さえ出来た。そこで，日の目が見えなくなると，誰でも気味を悪るがって，この門の近所へは足ぶみをしない事になってしまったのである。

　その代りまた鴉がどこからか，たくさん集って来た。昼間見ると，その鴉が何羽となく輪を描いて，高い鴟尾のまわりを啼きながら，飛びまわっている。ことに門の上の空が，夕焼けであかくなる時には，それが胡麻をまいたように

はっきり見えた。鴉は，勿論，門の上にある死人の肉を，啄みに来るのである。——もっとも今日は，刻限が遅いせいか，一羽も見えない。ただ，所々，崩れかかった，そうしてその崩れ目に長い草のはえた石段の上に，鴉の糞が，点々と白くこびりついているのが見える。下人は七段ある石段の一番上の段に，洗いざらした紺の襖の尻を据えて，右の頬に出来た，大きな面皰を気にしながら，ぼんやり，雨のふるのを眺めていた。

　作者はさっき，「下人が雨やみを待っていた」と書いた。しかし，下人は雨がやんでも，格別どうしようと云う当てはない。ふだんなら，勿論，主人の家へ帰る可き筈である。所がその主人からは，四五日前に暇を出された。前にも書いたように，当時京都の町は一通りならず衰微していた。今この下人が，永年，使われていた主人から，暇を出されたのも，実はこの衰微の小さな余波にほかならない。だから「下人が雨やみを待っていた」と云うよりも「雨にふりこめられた下人が，行き所がなくて，途方にくれていた」と云う方が，適当である。その上，今日の空模様も少からず，この平安朝の下人のSentimentalisme に影響した。申の刻下りからふり出した雨は，いまだに上るけしきがない。そこで，下人は，何をおいても差当り明日の暮しをどうにかしようとして——云わばどうにもならない事を，どうにかしようとして，とりとめもない考えをたどりながら，さっきから朱雀大路にふる雨の音を，聞くともなく聞いていたのである。

　雨は，羅生門をつつんで，遠くから，ざあっと云う音をあつめて来る。夕闇は次第に空を低くして，見上げると，門の屋根が，斜につき出した甍の先に，重たくうす暗い雲を支えている。

　どうにもならない事を，どうにかするためには，手段を選んでいる遑はない。選んでいれば，築土の下か，道ばたの土の上で，饑死をするばかりである。そうして，この門の上へ持って来て，犬のように棄てられてしまうばかりである。選ばないとすれば——下人の考えは，何度も同じ道を低徊した揚句に，やっとこの局所へ逢着した。しかしこの「すれば」は，いつまでたっても，結局「すれば」であった。下人は，手段を選ばないという事を肯定しなが

らも，この「すれば」のかたをつけるために，当然，その後に来る可き「盗人になるよりほかに仕方がない」と云う事を，積極的に肯定するだけの，勇気が出ずにいたのである。

　下人は，大きな嚏（くさめ）をして，それから，大儀そうに立上った。夕冷えのする京都は，もう火桶が欲しいほどの寒さである。風は門の柱と柱との間を，夕闇と共に遠慮なく，吹きぬける。丹塗（にぬり）の柱にとまっていた蟋蟀（きりぎりす）も，もうどこかへ行ってしまった。

　下人は，頸をちぢめながら，山吹の汗衫（かざみ）に重ねた，紺の襖の肩を高くして門のまわりを見まわした。雨風の患（うれえ）のない，人目にかかる惧（おそれ）のない，一晩楽にねられそうな所があれば，そこでともかくも，夜を明かそうと思ったからである。すると，幸い門の上の楼へ上る，幅の広い，これも丹を塗った梯子が眼についた。上なら，人がいたにしても，どうせ死人ばかりである。下人はそこで，腰にさげた聖柄（ひじりづか）の太刀（たち）が鞘走（さやばし）らないように気をつけながら，藁草履（わらぞうり）をはいた足を，その梯子の一番下の段へふみかけた。

　それから，何分かの後である。羅生門の楼の上へ出る，幅の広い梯子の中段に，一人の男が，猫のように身をちぢめて，息を殺しながら，上の容子を窺っていた。楼の上からさす火の光が，かすかに，その男の右の頬をぬらしている。短い鬚（ひげ）の中に，赤く膿を持った面皰のある頬である。下人は，始めから，この上にいる者は，死人ばかりだと高を括っていた。それが，梯子を二三段上って見ると，上では誰か火をとぼして，しかもその火をそこここと動かしているらしい。これは，その濁った，黄いろい光が，隅々に蜘蛛の巣をかけた天井裏に，揺れながら映ったので，すぐにそれと知れたのである。この雨の夜に，この羅生門の上で，火をともしているからは，どうせただの者ではない。

　下人は，守宮（やもり）のように足音をぬすんで，やっと急な梯子を，一番上の段まで這うようにして上りつめた。そうして体を出来るだけ，平にしながら，頸を出来るだけ，前へ出して，恐る恐る，楼の内を覗いて見た。

　見ると，楼の内には，噂に聞いた通り，幾つかの死骸が，無造作に棄ててあるが，火の光の及ぶ範囲が，思ったより狭いので，数は幾つともわからない。

ただ，おぼろげながら，知れるのは，その中に裸の死骸と，着物を着た死骸とがあるという事である。勿論，中には女も男もまじっているらしい。そうして，その死骸は皆，それが，かつて，生きていた人間だと云う事実さえ疑われるほど，土を捏ねて造った人形のように，口を開いたり手を延ばしたりして，ごろごろ床の上にころがっていた。しかも，肩とか胸とかの高くなっている部分に，ぼんやりした火の光をうけて，低くなっている部分の影を一層暗くしながら，永久に唖の如く黙っていた。

下人は，それらの死骸の腐爛した臭気に思わず，鼻を掩った。しかし，その手は，次の瞬間には，もう鼻を掩う事を忘れていた。ある強い感情が，ほとんどことごとくこの男の嗅覚を奪ってしまったからだ。

下人の眼は，その時，はじめてその死骸の中に蹲っている人間を見た。檜皮色の着物を着た，背の低い，痩せた，白髪頭の，猿のような老婆である。その老婆は，右の手に火をともした松の木片を持って，その死骸の一つの顔を覗きこむように眺めていた。髪の毛の長い所を見ると，多分女の死骸であろう。

下人は，六分の恐怖と四分の好奇心とに動かされて，暫時は呼吸をするのさえ忘れていた。旧記の記者の語を借りれば，「頭身の毛も太る」ように感じたのである。すると老婆は，松の木片を，床板の間に挿して，それから，今まで眺めていた死骸の首に両手をかけると，丁度，猿の親が猿の子の虱をとるように，その長い髪の毛を一本ずつ抜きはじめた。髪は手に従って抜けるらしい。

その髪の毛が，一本ずつ抜けるのに従って，下人の心からは，恐怖が少しずつ消えて行った。そうして，それと同時に，この老婆に対するはげしい憎悪が，少しずつ動いて来た。——いや，この老婆に対すると云っては，語弊があるかも知れない。むしろ，あらゆる悪に対する反感が，一分毎に強さを増して来たのである。この時，誰かがこの下人に，さっき門の下でこの男が考えていた，饑死をするか盗人になるかと云う問題を，改めて持出したら，恐らく下人は，何の未練もなく，饑死を選んだ事であろう。それほど，この男の悪を憎む心は，老婆の床に挿した松の木片のように，勢いよく燃え上り出していたので

ある。

　下人には，勿論，何故老婆が死人の髪の毛を抜くかわからなかった。従って，合理的には，それを善悪のいずれに片づけてよいか知らなかった。しかし下人にとっては，この雨の夜に，この羅生門の上で，死人の髪の毛を抜くと云う事が，それだけで既に許すべからざる悪であった。勿論，下人は，さっきまで自分が，盗人になる気でいた事なぞは，とうに忘れていたのである。

　そこで，下人は，両足に力を入れて，いきなり，梯子から上へ飛び上った。そうして聖柄の太刀に手をかけながら，大股に老婆の前へ歩みよった。老婆が驚いたのは云うまでもない。

　老婆は，一目下人を見ると，まるで弩（いしゆみ）にでも弾（はじ）かれたように，飛び上った。

「おのれ，どこへ行く。」

　下人は，老婆が死骸につまずきながら，慌てふためいて逃げようとする行手（ゆくて）を塞いで，こう罵った。老婆は，それでも下人をつきのけて行こうとする。下人はまた，それを行かすまいとして，押しもどす。二人は死骸の中で，しばらく，無言のまま，つかみ合った。しかし勝敗は，はじめからわかっている。下人はとうとう，老婆の腕をつかんで，無理にそこへねじ倒した。丁度，鶏の脚のような，骨と皮ばかりの腕である。

「何をしていた。云え。云わぬと，これだぞよ。」

　下人は，老婆をつき放すと，いきなり，太刀の鞘を払って，白い鋼の色をその眼の前へつきつけた。けれども，老婆は黙っている。両手をわなわなふるわせて，肩で息を切りながら，眼を，眼球が眶（まぶた）の外へ出そうになるほど，見開いて，唖のように執拗（しゆうね）く黙っている。これを見ると，下人は始めて明白にこの老婆の生死が，全然，自分の意志に支配されていると云う事を意識した。そうしてこの意識は，今までけわしく燃えていた憎悪の心を，いつの間にか冷ましてしまった。後に残ったのは，ただ，ある仕事をして，それが円満に成就した時の，安らかな得意と満足とがあるばかりである。そこで，下人は，老婆を見下しながら，少し声を柔らげてこう云った。

「己は検非違使（けびいし）の庁の役人などではない。今し方この門の下を通りかかった

旅の者だ。だからお前に縄をかけて，どうしようと云うような事はない。ただ，今時分この門の上で，何をして居たのだか，それを己に話しさえすればいいのだ。」

　すると，老婆は，見開いていた眼を，一層大きくして，じっとその下人の顔を見守った。眶の赤くなった，肉食鳥のような，鋭い眼で見たのである。それから，皺で，ほとんど，鼻と一つになった唇を，何か物でも噛んでいるように動かした。細い喉で，尖った喉仏の動いているのが見える。その時，その喉から，鴉の啼くような声が，喘ぎ喘ぎ，下人の耳へ伝わって来た。

　「この髪を抜いてな，この髪を抜いてな，鬘にしようと思うたのじゃ。」

　下人は，老婆の答が存外，平凡なのに失望した。そうして失望すると同時に，また前の憎悪が，冷やかな侮蔑と一しょに，心の中へはいって来た。すると，その気色が，先方へも通じたのであろう。老婆は，片手に，まだ死骸の頭から奪った長い抜け毛を持ったなり，蟇のつぶやくような声で，口ごもりながら，こんな事を云った。

　「成程な，死人の髪の毛を抜くと云う事は，何ぼう悪い事かも知れぬ。じゃが，ここにいる死人どもは，皆，そのくらいな事を，されてもいい人間ばかりだぞよ。現在，わしが今，髪を抜いた女などはな，蛇を四寸ばかりずつに切って干したのを，干魚だと云うて，太刀帯の陣へ売りに往んだわ。疫病にかかって死ななんだら，今でも売りに往んでいた事であろ。それもよ，この女の売る干魚は，味がよいと云うて，太刀帯どもが，欠かさず菜料に買っていたそうな。わしは，この女のした事が悪いとは思うていぬ。せねば，饑死をするのじゃて，仕方がなくした事であろ。されば，今また，わしのしていた事も悪い事とは思わぬぞよ。これとてもやはりせねば，饑死をするじゃて，仕方がなくする事じゃわいの。じゃて，その仕方がない事を，よく知っていたこの女は，大方わしのする事も大目に見てくれるであろ。」

　老婆は，大体こんな意味の事を云った。

　下人は，太刀を鞘におさめて，その太刀の柄を左の手でおさえながら，冷然として，この話を聞いていた。勿論，右の手では，赤く頬に膿を持った大きな

面皰を気にしながら，聞いているのである。しかし，これを聞いている中に，下人の心には，ある勇気が生まれて来た。それは，さっき門の下で，この男には欠けていた勇気である。そうして，またさっきこの門の上へ上って，この老婆を捕えた時の勇気とは，全然，反対な方向に動こうとする勇気である。下人は，饑死をするか盗人になるかに，迷わなかったばかりではない。その時のこの男の心もちから云えば，饑死などと云う事は，ほとんど，考える事さえ出来ないほど，意識の外に追い出されていた。

「きっと，そうか。」

老婆の話が完ると，下人は嘲るような声で念を押した。そうして，一足前へ出ると，不意に右の手を面皰から離して，老婆の襟上をつかみながら，噛みつくようにこう云った。

「では，己が引剥をしようと恨むまいな。己もそうしなければ，饑死をする体なのだ。」

下人は，すばやく，老婆の着物を剥ぎとった。それから，足にしがみつこうとする老婆を，手荒く死骸の上へ蹴倒した。梯子の口までは，僅に五歩を数えるばかりである。下人は，剥ぎとった檜皮色の着物をわきにかかえて，またたく間に急な梯子を夜の底へかけ下りた。

しばらく，死んだように倒れていた老婆が，死骸の中から，その裸の体を起したのは，それから間もなくの事である。老婆はつぶやくような，うめくような声を立てながら，まだ燃えている火の光をたよりに，梯子の口まで，這って行った。そうして，そこから，短い白髪を倒にして，門の下を覗きこんだ。外には，ただ，黒洞々たる夜があるばかりである。

下人の行方は，誰も知らない。

（大正四年九月）

底本：『芥川龍之介全集 1』ちくま文庫，筑摩書房

1986（昭和 61）年 9 月 24 日第 1 刷発行

1997（平成 9）年 4 月 15 日第 14 刷発行

底本の親本：『筑摩全集類聚版芥川龍之介全集』筑摩書房
　　1971（昭和 46）年 3 月～1971（昭和 46）年 11 月

☞ 2-2　芥川龍之介の生涯と作家活動

(1) 誕生から少年時代

　芥川龍之介は，明治 25（1892）年 3 月 1 日，東京市京橋区入船町（現在の東京都中央区明石町）の外国人居留区の一角にあった耕牧舎という牧場で生まれた。この耕牧舎の支配人格であったのが父親新原敏三。母親はフク，姉二人のうち長姉ハツはすでに亡かった。龍之介という名前は，辰年，辰の月，辰の日，辰の刻に生まれたため，名付けられた。

　龍之介が生まれて 7 か月後，実母フクが突然精神に異常をきたす。龍之介はフクの実家である兄の芥川道章夫妻のもとに預けられる。道章は当時東京府に勤めていたが，芥川家は江戸時代，大奥で茶事などを扱う茶坊主の家柄であった。道章家には夫妻の他にフクの姉，龍之介の伯母にあたるフキがいた。龍之介は大人 3 人に可愛がられて成長した。特に伯母フキは生涯結婚せず，龍之介を我が子のように愛した。

　明治 37 年，12 歳の時，実父新原敏三と芥川家の間で，龍之介を巡って裁判となった。結果龍之介は芥川家と正式に養子縁組が結ばれ，芥川龍之介となる。

　芥川家は龍之介が中学生の頃まで両国に住んでいた。そこで芥川の少年時代の思い出の中には，隅田川（大川）がしばしば登場する。龍之介は読書好きでおとなしく成績優秀な子どもだった。幼い時はひ弱であったが，成長するにつれて水泳や山登りにも積極的に取り組むようになり体力もついた。

(2) 青年時代

　明治 43 年，府立第三中学卒業時，成績は 2 番だった。第一高等学校第一部乙類（文科）には無試験推薦で入学。一高時代に生涯の親友となる井川（後，恒藤）恭と出会う。潔癖な性格の龍之介はバンカラな寄宿舎生活には馴染めず

週末は実家（芥川家は明治43年内藤新宿に，そして大正3年10月に田端に転居。田端が龍之介の終の棲家となる）に戻っていた。

大正2年，東京帝国大学文科大学イギリス文学選修に進学。同級生たちと共に第3次「新思潮」を創刊。柳川隆之介というペンネームで処女小説「老年」を発表。翌大正4年に「羅生門」を発表した。

大正5年2月，第4次「新思潮」創刊号に「鼻」を発表。前年から夏目漱石の門下生の集まり「木曜会」に出席していた龍之介は，漱石から，内容が面白く，材料が目新しい。文章が要領を得てよく整っている。この調子でどんどん書きなさいと「鼻」を激賞した手紙を，発表して間もなくもらった。漱石のお墨付きをもらったことがきっかけとなって，以後文壇の売れっ子になった。7月，帝大を卒業し，横須賀の海軍機関学校の英語教授（嘱託）に就任した。しかし12月9日，かねてから胃潰瘍を患っていた漱石が急死。門下生の末席に位置する龍之介も大きな衝撃を受けた。弟子たちの姿は『枯野抄』に反映。

大正7年2月，中学時代の友人山本喜誉司の姪塚本文と結婚。勤務地横須賀に近い鎌倉に居を構えた。人気作家芥川は，海軍機関学校教官の余技といわれたりして文壇の妬みを受けながら，この年も『手巾』『或日の大石内蔵助』『戯作三昧』『地獄変』などの作品を発表した。

(3) 結婚後から大正10年中国旅行まで

大正7年3月，大阪毎日新聞社と社友契約を結び，作家と教師の兼業を始めた。しかし公務の多忙もあったため，その後社友から社員となることを希望。認められたこと（養父母と伯母，龍之介夫婦の家族を養うには定収入が必要）で，翌8年3月31日，海軍機関学校を退職。これを機に田端の実家に戻り，大家族生活が始まった。毎日新聞社社員となった後も出社勤務の必要はなく，新聞小説は毎日新聞のみに掲載という制約で月収130円。その他に原稿料は別払いであった。こうして作家としての生活基盤が整った。

大正10年2月，大阪毎日新聞より芥川に海外視察員として中国特派の依頼がくる。中国の文化にも詳しい龍之介に白羽の矢がたったようだ。しかし，こ

の旅行に赴く直前から風邪をこじらせ，体調が万全でなかった。3月19日東京を出発したが，日本国内を移動している途中も入退院をし，3月末上海着と同時に乾性肋膜炎を併発し，3週間ほど入院。4月退院後ようやく中国国内を巡り，7月20日に帰国した。

　結局この長旅の無理が晩年の5年間を悩ませていったといえる。

(4) 晩年（亡くなるまで）―様々な不安要因

　健康不安と神経衰弱。薬も複合的に使用したため幻覚や幻聴などの副作用に悩まされた。精神疾患のため36歳で亡くなった実母フクの年齢に近づいてきたことも，不安を増大させることになった。

　大正12年9月1日の関東大震災被災体験も大きな不安だった。

　大正から昭和初期の日本の不穏な社会状況も不安だった。

　プロレタリア文学の台頭は，追われる不安を感じた。

　龍之介に関わる3人（秀しげこ・片山広子・平松ます子）の女性との関係。

　興文社刊『近代日本文芸読本』の出版事件。大正14年，多くの作家の作品を収録した芥川編のこの仕事は，一部の作家から多額の報酬を龍之介がもらったように誤解され，その後始末に奔走させられた。

　経済的不安。姉の夫である弁護士西川豊が自宅放火容疑をかけられ鉄道自殺をしてしまったため（昭和2年正月），姉と甥・姪を引き取った。12人の扶養家族のために（龍之介自身男子3人の子供がいた），弱る一方の体はますます無理をしなければならなかった。

　こうしたさまざまな不安が，芥川を苦しめ，睡眠薬に頼る日々となる。そして昭和2年7月24日未明，田端の自宅で薬物自殺を遂げた。家族，友人にあてた遺書の中には，「漠然とした不安」という言葉があった。

☞ 2-3　『羅生門』執筆背景

(1)「あの頃の自分のこと」（五）より

　「それからこの自分の頭の象徴のやうな書斎で，当時書いた小説は，『羅生

門』と『鼻』との二つだった。自分は半年ばかり前から悪くこだはつた恋愛問
題の影響で，独りになると気が沈んだから，その反対になる可く現状と懸け離
れた，なる可く愉快な小説が書きたかつた。そこでとりあへず先，今昔物語か
ら材料を取つて，この二つの短編を書いた。書いたと云つても発表したのは
『羅生門』だけで『鼻』の方はまだ中途で止つたきり，暫く片がつかなかつた。
（略）」

　（大正 8（1919）年 1 月 1 日発行の「中央公論」第 34 年第 1 号に掲載され，のち
「影灯籠」収録の際，初出の第 2 章及び第 6 章は削除されたため，別稿分として 1978
年 9 月 19 日『芥川龍之介全集』第 2 巻　岩波書店刊に収録）

(2)　龍之介から井川恭宛の書簡

（当時井川は京都帝大に進学していた芥川の親友）

①大正 4 年 2 月 28 日付

「ある女を昔から知つてゐた　その女がある男と約婚をした　僕はその時に
なつてはじめて僕がその女を愛してゐる事を知つた　しかし僕はその約婚した
相手がどんな人だかまるでしらなかつた　それからその女の僕に対する感情も
ある程度の推測以上に何事も知らなかつた　その内にそれらのことが少しづゝ
知れて来た　最後にその約婚礼も極大体の話が運んだにすぎない事を知つた

　僕が求婚しやうと思つた　そしてその意志を女に問ふ為にある所で会う約束
をした　所が女から僕へよこした手紙が郵便局の手ぬかりで外へ配達された為
に時が遅れてそれは出来なかつた　しかし手紙だけからでも僕の決心を促すだ
けの力を与へられた　家のものにその話をもち出した　そして烈しい反対をう
けた　伯母が夜通しないた　僕も夜通し泣いた　あくる朝むづかしい顔をしな
がら僕が思切ると云つた　それから不愉快な気まづい日が何日もつゞいた　其
中に僕は一度女の所へ手紙を書いた　返事は来なかつた　一週間程たつてある
家のある会合の席でその女にあつた　僕と二三度世間並な談話を交換した　何
かの拍子で女の眼と僕の眼とがあつた時僕は女の口角の筋肉が急に不随意筋に
なつたやうな表情を見た　女は誰よりもさきにかへつた（略）」

58

②同年３月９日付

「イゴイズムをはなれた愛があるかどうか　イゴイズムのある愛には人と人との間の障壁をわたる事は出来ない　人の上に落ちてくる生存苦の寂莫を癒す事が出来ない　イゴイズムのない愛がないとすれば人の一生程苦しいものはない（略）」（いずれの書簡も 1978 年 5 月 22 日『芥川龍之介全集』第 10 巻「書簡」岩波書店に収録）

☞ 2-4　テーマを考える──ヒントとして

「この恋愛から挫折への道はおそらく，芥川龍之介の青春が遭遇したもっとも人間くさい，そして，痛恨にみちた〈事件〉であった。彼は恋の成就しなかった恨みよりも，恋を失うまでの過程にあらわれた人間感情の裸形に，よりふかく傷ついたように見える」

（三好行雄，1976『芥川龍之介論』筑摩書房）

参考文献
加藤周一（2014）『文学とは何か』角川文庫（角川選書より文庫化）
中野好夫（1961）『文学の常識』（初版）角川文庫
関口安義（2006）『よみがえる芥川龍之介』（初版）日本放送出版協会
ビギナーズ・クラシックス　近代文学編（2006）『芥川龍之介の「羅生門」「河童」
　　ほか 6 編』（初版）角川ソフィア文庫
芥川龍之介（1995-1998）『芥川龍之介全集』最新版全集全 24 巻，岩波書店
鷺只雄編（1992）『年表作家読本　芥川龍之介』（初版）河出書房新社

※なお，本章引用文は，旧漢字を新漢字に改めたが，かなづかいは旧かなづかいのまま掲載している。

第5章　心理学 I

心理学入門

—— 心理学を学ぶと，人の心が読めるようになるのか？ ——

1 メンタリストは心理学者か

はじめに，「心理学」と聞いて，どのようなイメージを持っているだろうか？

よく出てくる回答は，「人の心が読める」，「相手の考えや思っていることを読み取る」，「相手の考えていることがわかる」である。

では，本当に心理学を学ぶと，人の心が読めるようになるのか？

本章では，心理学とはどのような学問なのかを知ることにより，この問いを考えていくことにしよう。

2 心理学（psychology）の研究対象

心理学を意味する"psychology"は，ギリシャ語のプシュケ（psyche：心，魂）とロゴス（logos：学問，科学，法則）が語源である。つまり，「心を科学的に探究する学問」ということになるであろう。心の働きを知り，その法則を見つけ出していくのが心理学なのである。

では，その「心」はどこにあるのか？

この問いは大変深く難しい。「心」は，誰しもがその存在を認めるだろうが，実際にはどこにあるのかわからない，"見えない世界"なのである。心理学では，その"見えない世界"を研究の対象としている。

では，"見えない世界"をどのように科学的に探究するのか。

　普段の生活を考えてみよう。友だちに会ったら，笑顔で「おはよう」と挨拶をする。そのとき友だちが手を振って「おはよう」と挨拶してくれたらどうだろう？「あれ？　今日は何かいいことがあったのかな」と想像するのではないか。先生の部屋を訪ねたら，時計を見ながら作業している。「あれ？　締め切りかな。急いでいるのかな」と考えるのではないだろうか。人間は相手の「態度」や「表情」をみて，今どのような状態かを予想し，その状態に合わせて声をかけたりする（もしくは声をかけるのをやめてみたりする）。このように，人間の心の状態は，「行動」にあらわれやすい。そこで，心理学では，"見えない世界"の「心」を研究対象とするにあたり，心のあらわれとして「行動」を心理学の対象として扱っている。

　「行動」とは，"言葉"や"しぐさ"などのすぐに観察しやすいものもあれば，"表情"などのように観察しにくい（人や感情によってわかりにくい）ものもある。また，心のあらわれ（側面）として，自分で意識できる部分もあれば，意識することができない部分もある。心理学が研究対象として扱う人間の「行動」には，これらすべてが含まれる。また，これらの行動は，そのときの「状況」によっても異なるものである。よって，心理学では，人間の「行動」を捉える際，「状況」や「環境」も含めた形で，心の働きについて研究している。

3 心理学における研究分野

　「心理学」といっても，様々な心理学がある。心理学の研究対象が「人間」の心である限り，多角的な側面から考えていくことが必要になる。人間の思考というのはとても複雑であることを考えると，理解できるだろう。心理学の研究領域は，大変幅広く，様々なアプローチによって心を捉えようと研究が進められている。また，ますます専門化していく傾向にあり，一方では異なった領域との共同研究も盛んである。おそらく，学科の領域や授業と関連が深いものもあるだろう。

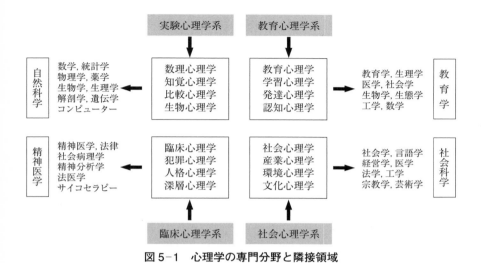

図5-1　心理学の専門分野と隣接領域
出所）田中他（1988）

　「心理学」にはどのような領域があるのか。ここでは，図5-1をみながら，大きく4つの系列に分けて紹介する。この図は，各系列の代表的な心理学がまとめられている。さらに，「自然科学」，「精神医学」，「教育学」，「社会科学」の学問体系との関連も呈示されており，心理学が他の学問と関連が深いことが見てとれる。様々な学問を学ぶことで，心理学の理解が深まることもあれば，心理学の考え方が他の学問分野に活かされることもある。是非そのことを意識して，どのような分野があるのかを見てほしい。

☞ 3-1　実験心理学系

　この領域は，主に実験的手法によって心の法則性を明らかにしようとする。

　① 数理心理学（mathematical psychology）：心理学的現象を数学的方法により問題解決を試みる学問である。情報理論やゲーム理論によって心理現象を説明するなど，経済学や経営学，政治学，社会学，法学などの社会科学分野や，生物学，物理学，工学などの分野でも応用されている。

　② 知覚心理学（perception psychology）：人間を取り巻く環境を認識する心の

働きについて研究する。例えば，視覚情報がどのように処理され，空間や形態を把握しているのか。感覚器官が受容した情報を解釈する際の心の働きを扱っている。

③ 比較心理学（comparative psychology）：ヒトと様々な動物の行動を比較することにより，その差異や類似からヒトの心を理解しようとする学問である。

④ 生物心理学（biological psychology）：ヒトを含む動物を対象とし，行動や認知・思考・感情の仕組みや働きについて解明していく。比較心理学や生物学，生理学，遺伝学などとも関連の深い分野である。

☞ 3-2　教育心理学系

人間またはヒトを含む動物の発達過程を研究の対象とし，生涯を通じた心身の成長や行動の変化を研究する領域である。

① 教育心理学（educational psychology）：教育過程の諸現象を解明し，教育の実践的な場面への応用・適用を考えていく学問である。発達，学習，人格，社会，評価が主な内容であるが，不適応行動の問題など，臨床との関連もあり幅広く研究が行われている。

② 学習心理学（psychology of learning）：ヒトを含む動物が経験を通して行動を変容させていく過程について研究する。みなさんもご存知の「条件付け」はそのひとつの例である。また記憶研究なども含まれる。教育学や生物学，生態学とも関連がある。

③ 発達心理学（developmental psychology）：人間が生まれてから死に至るまでの生涯の発達過程を扱っており，乳児，幼児，児童，青年，成人，老年などの発達段階に応じた心身の働きについて研究する。例えば，みなさんがどのようにここまで成長してきたのか，大学生である青年期とはどのような特徴があるのかなどを客観的に考えていく。

④ 認知心理学（cognitive psychology）：人間の心を情報処理的アプローチから研究する学問である。知覚，記憶，思考，言語，学習などの認知の働きを解明しようとする。

☞ 3-3　社会心理学系

　人間の社会的行動や社会的影響過程について実証的に研究する分野である。

　① 社会心理学（social psychology）：人間の対人行動や集団行動など，社会的行動に関する心理学的法則を実証的に研究する。日常生活の中で生じる人の心や行動の不思議について扱う。同じように社会的行動を考察の対象としている社会学や経済学，政治学などとも関連がある。

　② 産業心理学（industrial psychology）：モノやサービスの生産や消費に関する人間の心理過程や行動について明らかにする学問である。例えば，消費者心理，販売と広告，組織行動などを扱っている。

　③ 環境心理学（environmental psychology）：環境問題に対処することを目的に，自然と人工環境，人間行動の相互関係について研究する。空間環境の認知や，環境刺激と心理的反応，災害と環境問題など，幅広く扱っている。

　④ 文化心理学（cultural psychology）：文化がそこに生きる人の心をどのように構成しているのか，また人々の営みがどのように文化をつくりだしているのかについて明らかにする学問である。例えば，文化差を生み出す要因や思考の特徴など，文化特有の傾向について研究する。人間観や世界観にもつながる領域であり，社会学，人類学，宗教学とも関連がある。

☞ 3-4　臨床心理学系

　精神医学と関連のある分野であり，心の問題や治療，正常から逸脱した異常な心的現象，犯罪行動の分析や矯正について扱う，応用的な領域である。

　① 臨床心理学（clinical psychology）：個々の人々が抱える問題や不適応行動の治療や援助，予防に関する実践的な領域である。心理学的な診断やカウンセリング，心理療法など，必要に応じて対応をする。大学の相談室にいる臨床心理士の専門分野である。

　② 犯罪心理学（criminal psychology）：犯罪者や被害者，目撃者などの犯罪に関わる人の心理的過程や行動について，心理学の知見から分析，検討する。矯正に関する内容も扱う。法学や精神医学，社会学，教育学とも関連がある。

③ 人格（性格）心理学（personality psychology）：人間の個人差の理解や自我・自己の理解，また人格の発達や形成過程に関する領域である。社会心理学や発達・教育心理学，臨床心理学などの様々な心理学と関わりが深い。また，人格の理解を深める手がかりとして，芸術や文学とも関連がある。

④ 深層心理学（depth psychology）：人間が意識できない無意識の部分に着目している。臨床心理学と関連があり，フロイト[1]の精神分析学などがよく知られている。

4 | 心理学の研究方法

心理学は，「心を科学的に探究する学問」であり，「心」のあらわれとして「行動」を研究対象としている。では，次に「科学的に探究する」という点に着目していきたい。科学的な研究では，「客観的なデータ（事実）を測定する」ことがひとつの条件として求められる。心理学の研究対象となる「行動」の中には，客観的な現象として捉えにくいものも多い。その中で，できるだけ客観的に捉える工夫がなされてきた。ここでは，代表的な心理学の研究方法を紹介する。

☞ 4-1 観察法（observation method）

観察法は，研究対象者の行動を注意深く見ることにより，対象者を理解しようとする方法である。観察を通して行動をありのまま記述していくものであり，例えば，行動の頻度や声の大きさ，活動への集中度など行動の程度を評定することもできる。また，行動から受ける印象を評定することも可能である。

対象者の自然な状況をそのまま観察する「自然観察法（natural observation）」と，観察者が人為的に条件を設定して観察する「実験的観察法（experimental observation）」にわけられる。さらに，観察者自身が観察対象者の集団の中に入り，集団の一員として行動しながら観察する方法を「参加観察法（participant observation）」といい，教師がクラスで授業をしながら子どもを観察することはその例である。一方で，対象者に直接かかわることなく，客観的に観察しよ

うとする方法を「非参加観察法（nonparticipant observation）」といい，交差点に
VTRカメラを固定して車の流れや人の動きを撮影することなどがあげられる。

　観察法の利点は，いつ，どこででも観察できることであり，言語的理解や言
語的表出力が十分にできない乳幼児や障害児を対象とすることが可能なことも
あげられる。実施の際の注意点としては，①情報量が豊富であるため，何に注
目してどのような観点でデータを取るのかを明確にしておく必要がある，②観
察者の視点や解釈などの主観が結果に混在しやすいため，観察者を複数にする
などの工夫が必要である，③観察者の存在が観察対象者の行為に影響を与えな
い工夫も必要である。また，観察法の場合には，外から観察可能な行動に限定
され，心理状態を把握するのが難しいことを考慮し，他のデータとの関連を考
える必要もある。

☞ 4-2　面接法（interview method）

　面接法（インタビュー法）は，特定の個人または集団と，対面的に言語を用
いて情報を収集する方法である。①就職のための採用試験や入試の口頭試問の
ような，資料収集のための面接と，②カウンセリングなどの個人指導や治療の
ための心理面接がある。資料収集のための面接では，個人の態度，考え方，性
格などの情報を引きだすことが可能である。心理面接の場合には，相手の問題
事象に対処するために，まずは信頼の形成に努め，心理的抵抗を少なくし，ク
ライエントが話せるような雰囲気をつくることが大切である。

　面接の際に，どのような質問をどのように呈示をしていくのかという面接の
構造については，3種類がある。①あらかじめ準備された項目をひとつずつ質
問し，聞き出していく方法を「構造化面接（structured interview）」という。こ
れは，質問者によるバイアスが少ないという利点がある。②ある程度の質問項
目は準備しておくが，状況や回答により追加の質問や説明を加えたりする方法
を，「半構造化面接（semi-structured interview）」という。就職活動の面接では，
企業が用意したエントリーシートの情報をもとに，Aさんの場合には，志望
動機についてさらに掘り下げて聞いてみよう，Bさんには資格の部分を説明し

てもらおう，というような形で，相手に合わせた質問がされる場合である。そして，③質問項目のような明確な形態はとらずに，対象者の話の流れに応じて進める方法を，「非構造化面接（unstructured interview）」という。これは主にカウンセリングの場合にとられる方法である。

　面接法の利点は，①話し言葉で質問者とのやりとりが可能なため，質問の意味を十分に理解し，答えてもらえること，②対象者の語る言葉の内容と同時に，しぐさや表情などにあらわれる非言語的情報を得ることができることである。注意点として，面接者の態度によって面接対象者の応答にも相違が生じる可能性があることがあげられる。目的に合わせて用いる面接技法を考える必要がある。

☞ 4-3　調査法（survey method）

　調査法（質問紙法またはアンケート法）は，質問紙を研究者が作成して，行動や態度などを調査する方法である。調査対象者全体（母集団）を対象として行う場合を「全数調査（悉皆調査）」といい，日本の人口や世帯を調査する国勢調査がその例である。一方，母集団から標本（サンプル）を抽出して行う調査を「標本（サンプル）調査」という。社会調査やマーケティング調査など，他の分野でも使われている。特徴は，調査者と回答者に，直接の関係がないことである。

　利点は，①同じ質問紙を用いて，多くの人から一斉にデータを収集することができること，②数量データが多いため，分析の際に恣意性が入りにくいこと，③観察や実験では扱えない変数を扱えることである。例えば，観察法では，"AさんがBくんを泣かせた"という出来事を記録することができるが，"なぜAさんがBくんを泣かせたのか"という「理由」や"AさんがBくんを泣かせたきっかけは何だったのか"という「動機」はわからない。調査の場合には，行動に影響を与えると考えられる様々な要因（欲求，期待，過去の経験等）を扱うことが可能である。調査用紙を作成する際の注意点として，①質問の内容が簡潔かつ具体的で理解しやすいものになっているか，②誘導質問は

ないか，③回答方法はわかりやすいか，④質問の量は適切か，などがあげられる。また，調査の実施の際には，①相関関係はわかるが，原因を特定することは難しい，②回答にバイアスや虚偽が混じる可能性があること，③言葉を駆使できる相手にしか利用できないことにも留意する必要がある。

☞ 4-4　実験法（experimental method）

　実験法は，人為的に統制された条件や場面を設定して，さまざまな現象や行動についての因果関係を解明するために行われる方法のことである。はじめに，対象者を少なくとも2つのグループ（群）に分ける。一方のグループには，実験操作を行う「実験群」，もう一方のグループには，実験操作を行わない「統制群」をわりあて，実験群と統制群を比較検討し，両群の効果差から，その条件の効果があるかどうかを検証していく。研究者（実験者）が操作する"原因"と考えられる要因のことを「独立変数（independent variable）」と呼ぶ。一方，独立変数の操作の結果，変化することが予想される"結果"に値するほうを「従属変数（dependent variable）」と呼ぶ。

　実験法の利点は，①条件を純粋にして，少数の要因のみから成り立つ条件下で観察することができる，②同一条件の反復が可能で，統計的処理に向いている，などがあげられる。しかし，実験者（実験する人）も実験参加者（実験される人）も人間であることにより，条件の設定には留意する必要がある。実施の際には，①実験者の期待や知識が，実験参加者や実験結果に影響を与えないようにすること，②実験参加者数の十分な確保と個人差の扱いへの注意が必要である。

　実験には，人工的に場面を設定した実験室で行う実験室実験（laboratory experiment）と，その現象が生じる現場で行うフィールド実験（field experiment）がある。実験室実験の場合には，日常とかけ離れた特殊な環境であるため，実験参加者が通常と異なる行動をする可能性があることを考慮する必要がある。フィールド実験は，学校や企業などの日常生活における現場で行われるため，自然体を検証することは可能であるが，条件の統制が難しい。労働産業などの

社会的場面や，消費者行動を検討する経済的場面を対象とした応用的な研究が多い。実際の実験例を紹介しよう。

5 選択の科学

　経済学（economics）と心理学の領域に，「行動経済学（behavioral economics）」がある。経済学の分野に人間の心理や感情を取り入れ，人間の行動はすべて合理的に判断されるわけではないという考えから発展した学問である。人間が経済社会の中で実際にどのように行動しているのかが研究されている。

　ここでは，フィールド実験の例を理解し，また，心理学（ここでは社会心理学）の知見が経済学でも活用され，みなさんの日常生活における様々な「選択」について考える機会となる材料を提供したい。

　スーパーマーケットにジャムを買いに行ったときのことを想像してほしい（このとき，何のジャムを買うのかは決めずに買い物に行ったとする）。

Q1：あなただったら，A，Bどちらの試食のテーブルに行きますか？
　　A：試食のテーブルに6種類のジャムが並んでいる
　　B：試食のテーブルに24種類のジャムが並んでいる

Q2：試食した後，あなたは実際にジャムを購入しますか？

　カリフォルニアの高級住宅街のスーパーマーケットで，買い物にきた市民を対象にフィールド実験を行い選択肢数と購買行動について検証されている（Iyengar & Lepper 2000：995-1006）。このスーパーでは，週末に試食のテーブルを用意して，新商品を紹介している。その機会を利用した実験である。試食のテーブルにはめずらしい高級ジャムを並べた。Aのように6種類のジャムを並べたテーブルと，Bのように24種類のジャムを並べたテーブルを用意す

ると，24 種類のジャムが並んでいる試食のテーブルには，6 種類のジャムが並んだテーブルよりもお客さんが集まったという（24 種類のテーブル：242 人中 145 人（60%），6 種類のテーブル：260 人中 104 人（40%））。なお，ひとりが試食するジャムの数は，どちらのテーブルでも変わらなかった。

　では，実際にジャムの購入となるとどうだろうか？

　6 種類のジャムが並んだテーブルで試食した人は，そのうちの 30%（31 人）が実際にジャムを購入したが，24 種類のジャムが並んだテーブルで試食した人は，たったの 3%（4 人）しか購入しなかった。つまり，試食のテーブルに対する人気は，購買行動につながらないという結果が示されたことになる。

　あなたはどうだっただろうか？　また日頃の買い物場面では，どうだろうか？　たくさんの種類から選びたいという気持ちはあるのに，実際にはあまりにも種類が多くて選べないということはないだろうか？

　さらに，大学生を対象にした別の実験では，高級チョコレートの味を評価する場面を使って，選んだものに対する満足度について検証している。自分で選んだチョコレートの試食をして，味を評価する。その後，調査に協力してもらったお礼として，現金かチョコレートの詰め合わせを選択してもらうという実験である。このとき，一方のグループには 6 種類のチョコレートの中から試食してもらい，もう一方のグループは 30 種類のチョコレートの中から試食してもらう。

　さて，どちらのグループの満足度が高かっただろうか？

　試食の結果により満足したのは，30 種類のチョコレートから選んだグループではなく，6 種類のチョコレートから選んだグループだったという。さらに，6 種類のチョコレートのグループは，お礼の選択で，現金ではなくチョコレートの詰め合わせを選択する確率が 4 倍も高かったことが報告されている。おそらく，試食をしたチョコレートが大変美味しかったので，もう少し食べてみたいという気持ちから，チョコレートを選択したのだろう。選択肢が少ないほうが，選択肢が多い場合と比べて自分の決断に対する満足度が高かったので

ある。

　これらの実験結果から，選択肢が増えると，消費者は決定するのに大変苦労し，その結果"決めない"ことを決める。よって購買行動にはつながらない。または，選択肢が多くなると，実際に選んだ商品よりも，選ばなかった商品の魅力を思い出し，選んだ商品に魅力を感じなくなってしまうことが考察されている。選ばなかった選択肢が，自分の決断に対する後悔を高めるというのである。その結果，満足度が下がることが考えられる。

　現実の社会では，自己決定が求められる場面は，消費行動場面だけでなく，例えば，昼食で何を食べるか，授業の履修をどちらにするか，進路をどうするか，そして，結婚相手の選択……様々な選択状況があり，その状況によっても何が賢い選択なのかは異なるのである（もしくは人によってもその基準は異なる）。もし，選択肢が少ないほうが"決める"ことがより可能となり，さらに満足度も高いとしたら，就職活動の際には4〜6社くらいの中から選択するのがベストということになる。しかし，現実にはそのようには行動しないだろう。多くの人は，よりたくさんの企業について調べ，その中から自分に適する企業を選ぶはずだ。あれ？　この"選択"でいいのだろうか？　そんな疑問を持ったあなたには，ぜひ章末の参考文献を読んで考えてみてほしい。

6　心理学のおもしろさ

　さて，本章の最初の問いに戻ろう。「心理学を学ぶと，人の心が読めるようになる」のか？

　もし心理学を学ぶと，人の心が読めるようになるのであれば，心理学の研究者や大学で心理学を担当している教員は，みなさんの心が読めることになる。そうなったら，"こわい"と感じて，おそらく誰も「心理学」や「現代社会の心理学」の授業は履修してくれないだろう……。

　心理学の研究者は，心を読めるようになるために研究しているわけではない。心の働きの法則性を見つけ出すことを目的に研究しているのである。日常

生活の中で感じる "心の不思議" について考え，人間の "おもしろさ" を知る。人間について考えることで，自分自身についても振り返る機会となる。また，他者の立場や視点に立って物事を考えることの重要性に気づく。それこそが心理学を学ぶ意味ではないか。社会の中には，様々な人がいて，それぞれの考え方がある。それを知る機会として捉え，ぜひ「心理学」や「現代社会の心理学」の授業を履修してほしい。さらに，他の学問との関連性についても考えてみてほしい。

▎注

1 ）フロイト（S. Freud, 1856-1939）はオーストリアの精神科医である。精神の構造を，意識・前意識・無意識の三層からなると捉え，自分でコントロールできない「無意識」の部分には，抑圧した願望や欲，感情などが押し込められていると考えた。精神分析療法とは，無意識を意識化させることであり，心理療法のひとつである。

参考文献

シュワルツ，バリー著，瑞穂のりこ訳（2004）『なぜ選ぶたびに後悔するのか——「選択の自由」の落とし穴』ランダムハウス講談社

長谷川寿一・東條正城・大島尚・丹野義彦・廣中直行（2008）『はじめて出会う心理学　改訂版』有斐閣

Iyengar, S. S. & Lepper, M. R. (2000) "When choice is demotivating: Can one desire too much of a good thing?" *Journal of Personality and Social Psychology*, 79(6): 995-1006.

亀田達也・村田光二（2010）『複雑さに挑む社会心理学 改訂版——適応エージェントとしての人間（有斐閣アルマ）』有斐閣

モッテルリーニ，マッテオ著，泉典子訳（2008）『経済は感情で動く——はじめての行動経済学』紀伊國屋書店

岡田章（2014）『ゲーム理論・入門 新版——人間社会の理解のために（有斐閣アルマ）』有斐閣

アイエンガー，シーナ著，櫻井祐子訳（2010）『選択の科学』文藝春秋

杉山憲司・松田英子（2016）『パーソナリティ心理学——自己の探究と人間性の理解（心理学の世界　基礎編）』培風館

田中国夫・足立正常・西山啓・米沢富士雄・秋山俊夫・飯田良治・山内光哉編（1988）『図解心理学』北大路書房

第6章　心理学 II

環境と関係を取り結ぶ

1 こころの素朴なイメージ

　士郎正宗が手がけた『攻殻機動隊』という SF コミックがある（士郎，1991）。主人公の草薙素子は機械の身体を持つサイボーグだ。作中の未来社会では，臓器や四肢を人工的に作り上げるロボティクスが発展し，義体とよばれる全身機械の身体はすでに実用化されている。彼女の脳はコンピュータ・ネットワークと接続することが可能なマイクロマシンが埋め込まれていて，その自我や意識は，自らの義体のみならず，他の義体やネットワーク上にも存在可能である。つまり，物質としての義体は，コンピュータでいうところのハードウェアであり，自我や意識はそのハードウェアを機能させるソフトウェアのようなものとして描かれている。

　この作品の背後にあるイメージは，物質としての身体と，現象としてのこころという二分化と見ていいだろう。高度に機械化された未来社会のイメージは，無機質で不気味なものと映るかもしれない。しかし，身体とこころが分かれているというイメージ自体は，むしろ馴染み深いものではないだろうか。たとえば，日本を含むアジアの多くには祖霊信仰というものがあるが，これはこころが物質としての身体を離れて存在可能であり，すでに亡くなった故人であっても，その霊魂（こころ）は死してなお存在しているというイメージに基づいている。一方，西洋社会においてはデカルトが，「延長するもの（身体）」と「思惟するもの（こころ）」は別の実体であるとして，物質の世界とは別に精神の世界があると説明している。デカルトの説の是非については歴史的にも多く

の議論があるが，ここではその議論に立ち入らない。指摘したいのは，こころと身体は別のものであるというイメージはめずらしくないということである。むしろ，そのようなイメージは常識的かつ素朴なものであり，哲学的な議論を除いては疑問視されることもあまりないだろう。

　地球が宇宙の中心で天体は地球を中心に回っているとする天動説は，現在では実証的に正しいことがわかっている地動説が登場しても 1000 年以上揺らぐことはなかった。宗教的，文化的背景も大きな要因としてあげられるが，何より経験的に天動説が正しく思えたことが地動説への転回を許さなかったのだろう。身体を支える地面は揺らがず静止していつもあり続けるし，天体は時間の経過とともに頭上を過ぎ去っていく。経験的には，地球のほうが動いていると考えるほうが難しい。

　こころは自分の身体を思いどおりに動かすことができる。こころは身体の司令官的な役割で，その意志が自分の行動を決めている。少なくとも主観的にはそう思える。睡眠や気絶などで，こころが働かなければ，いかに健康であっても身体を動かすことはできない。そこで指揮を執るこころがいないからだ。こころはいつも身体の内側にあって，物質としての身体を動かしていると考えることは経験的に正しいだろう。事実，こころと身体は別のものであるという素朴なイメージは，こころを専門に研究する心理学においても，疑いをかけられることはまれであった。

　だが，経験的に正しい天動説が覆されたように，根拠のない前提の上に立てられた理論は脆弱であるし，多くの場合，単に間違っている。経験的に正しいことが常に正しいとは限らないのだ。こころとは何かを知るためには，まず常識的に信じられている素朴なこころのイメージから疑ってかかる必要がある。

2 伝統的心理学とこころのイメージ

　では，一体こころとは何であるのか。その大きな問題に取り組む前に，これまで心理学がいかにこころを扱ってきたかを知ることは，考察を進める上で助

けになるだろう。

　現代の心理学は実証科学である。科学とは世界にあるさまざまな自然現象を観察し，その背後にある普遍的法則性を探求していく営みである。たとえば，自然科学の一つである分子生物学では，細胞内にある高分子を顕微鏡などの装置を用いて定量的に可視化し，その構造や機能を理解しようとする。この時，観察の結果が定量化されていない場合や，観察者によって結果が異なる場合，そこから得られる知見もあいまいなものとなってしまうだろう。そのため，現象を観察するときには，客観性（主観によらず誰が観察しても同じように見えること）が求められ，観察の結果を正確に記録するためには定量化（数値化）して表現することが必要となってくる。

　心理学の研究対象はこころである。ここで単純な意味において，心理学は「こころの科学」であると表現すれば，それが大きな矛盾を抱えたものになることがわかるだろう。科学は現象の定量性と客観性を必要としているのにもかかわらず，研究対象となるこころは数値化不可能で主観的な現象であるからだ。地学が「地球の科学」であるのと同じような意味において，心理学が「こころの科学」であるとはいえない。心理学が厳密な実証科学であるためには，研究対象を変える必要があった。

　20世紀初頭，ワトソンはこころを科学で扱う現象とは認めず，観察可能な行動のみを心理学の対象とすると宣言した。「行動の科学」として心理学を再定義したこの学派を行動主義という。行動主義はこころという現象を心理学から追放したのだ。行動は身体の物理的な変化そのものであり，客観的に観察可能であると同時に定量化しやすい。行動主義者たちは，生物に外的な刺激を与えると，どのような反応（行動）を起こすのか，その対応関係を調査するという実験的手法をとった。明確であいまいさのないシンプルな手法である。それゆえ，科学的方法論を徹底することを求めた心理学者たちに，行動主義は強い影響を与えることとなった。心理学が現在，行動科学といわれることもあるのは，こうした背景がある。

　行動主義の時代は長く続くが，1960年代に入ると心理学にも新たな展開が

起きる。この時期には，情報処理技術が発展し，コンピュータに複雑な計算処理を実行できることがわかってきていた。このことから，人のこころの活動を情報処理機械になぞらえれば，そのメカニズムを知ることができるのではないかという期待が高まっていく。1960 年前後，そうした観点から知的な活動のメカニズムについての多くの考察が発表された。これらの多くは心理学内部の研究ではなく，計算機科学，言語学，神経科学や人類学など，およそこれまで心理学には関係のなかった分野であった。これらの研究は，記憶，推論，知覚，問題解決，理解など，行動主義が解答できなかった内的な認知活動について，科学的研究を可能にする視座を提供していた。これが新たな心理学，認知心理学を生むきっかけとなる。

　認知心理学では人をコンピュータと本質的に同じようなものであると捉えている。つまり，人の身体はハードウェアであり，記憶するためのハードディスクとして脳があり，データを入力するための入力機器としての感覚器や，音声出力するためのスピーカーとしての声帯，動作出力（行動）を起こすための筋骨格系がある。ハードディスクとしての脳には，思考のための実行ソフトウェア群があり，ソフトウェアの組み合わせによって複雑な処理も可能であると考えられた。しかし，コンピュータの出力結果のみから，ソフトウェアがどのようなアルゴリズムでプログラムされているのかがわからないのと同様に，出力としての行動を見ただけではこころの働きを知ることはできない。ソフトウェアの動作からプログラムそのものの設計を逆算的に解析してくことをリバースエンジニアリングというが，認知心理学は行動から認知過程をリバースエンジニアリングするという方法をとることになる。つまり，行動からこころの働きを逆算的に推測するということである。

　情報処理機械として人をとらえるという見方は，『攻殻機動隊』が描く未来像に近い。ハードウェアとしての身体と，ソフトウェアとしてのこころがあり，この情報処理機械に刺激としてのデータを入力すれば，内部で計算処理されて行動が出力されるというものだ。しかし，そもそも人間は情報処理機械なのだろうか。確かに人をコンピュータのようなものととらえることは，こころ

という現象を理解する上でよい喩え話にはなるだろう。しかし，人はコンピュータに似ていたとしてもコンピュータではない。入力と計算処理と出力という枠組みでは説明できないこともある。

3 環境との関係から生まれるふるまい

　少し時代を遡る。行動主義が生まれた 20 世紀初頭，新実在主義を掲げた心理学者にホルトがいた。新実在主義は，こころを身体の内側にある独立した存在とは考えず，絶え間なく推移し続ける動物と環境との関係の中にこころがあると主張する立場であった。

　ホルトは，動物が環境と持続的に関わることが，こころの萌芽になると考えていた。それを説明するために，彼は架空の水棲動物を題材とした思考実験を行っている（Holt, 1916）。水棲動物の左目に光があたったとしよう。その時に水棲動物は右側のヒレを動かす。結果的に身体はヒレとは相対する左側に向くこととなる（ボートとオールの関係を思い出すとわかりやすいだろう）。同様に右目に光があたれば左側のヒレを動かし，身体は右側を向く。ここで想定しているのはあくまでも反射であり，刺激から自動的に導かれる動作の発現である。いま，この水棲動物のいる環境に，ある光源からの光があったと考えてみよう。この水棲動物はどのように動くだろうか。光源からの光は右目にも左目にも入るが，その強度の違いにより，拮抗しながら動く左右のヒレは，せめぎ合いながら光の強度の分布に即して身体の向きを変え続ける。勿論，身体の向きを変えれば左右の目に入る光の強度も変わるので，水棲動物は右に左にゆらゆらと揺れながら，結果的に一番光の強い光源を目指して進むことになるだろう。

　この水棲動物を観察する観察者は「水棲動物は光源を目指して泳いでいる」と記述するかもしれないが，メカニズムを知っていれば，実際はそうではないことがわかるだろう。結果的に目的をもって動いているかのように見えるが，実際は目に光が入った時にヒレを動かすという自動的な反射を行っているに過

ぎない。まるで意志があるかのように動くことを可能にしているのは，環境に
存在する光の強度のレイアウトと，水棲動物に内在する反射メカニズムの出会
いに他ならない。言い換えれば，環境と動物とが取り結ぶ関係こそが，水棲動
物のふるまいを決定しているのだ。

　ホルトの時代にはあくまでも思考実験であり，架空の水棲動物の動きを確認
することはできなかったが，同じ観点からコンピュータのディスプレイ上に人
工動物（アニマット）をつくりだすという試みは，80 年代以降活発に行われて
いる。人工動物は生物ではないが，自然界で起きている現象をよく似せること
に成功すれば，そこから自然界で実際に起きていることへの示唆は得られるだ
ろう。このような研究アプローチを構成論的アプローチという。

　コンピュータ・アニメーターのレイノルズは1987年にボイド（boids）とい
うアニマットを発表した（Reynolds, 1987）[1]。ボイドは鳥を模したアニマット
であり，このボイドによって自然界の鳥の群れ行動「フロッキング」をシミュ
レートできると考えたのだ。レイノルズは複数のボイドそれぞれの動きに3つ
のルールを設けた。1つ目は「分離」であり，他のボイドとぶつからないよう
にすること，2つ目は「整列」であり，周りに他のボイドがいればそれらのボ
イドが向いている平均的な方向を向くこと，3つ目は「結合」であり，他のボ
イドが多く集まっている中心の方向へ向かうようにすることであった。いずれ
も反射である。このようにプログラムすると，ボイドが自然界の鳥と同じよう
に，まばらに分散していた状態から群れを作り集合する様子を見ることができ
る。複数のボイドはそれぞれの他のボイドにとって，刺激のレイアウトとな
る。観察者はボイドに群れをつくりだし意志のようなものを感じることがある
だろうが，そのようなものはプログラムされていない。

　余談であるが，このプログラムはハリウッド映画のCG表現などにも応用さ
れている。『バットマン・リターンズ』（1992）の劇中で飛び交う無数のコウモ
リはボイドの直接的な応用だ。『ロード・オブ・ザ・リング』（2001）や『300
〈スリーハンドレッド〉』（2007）では夥しい数の兵士が戦闘をする場面が描か
れているが，これらもすべてアニマットによる群れのシミュレーションであ

る。兵士の行動を決定するのはマッシブというプログラムで，それぞれの兵士にはボイドのような幾つかの反射が組み込まれている。映画製作者はまず兵士を作り，反射のパラメータを決めて，ヴァーチャル空間に放つだけでよい。兵士たちはそれぞれの反射メカニズムに応じて勝手に戦争を始めるという次第だ。

　マサチューセッツ工科大学の人工知能研究者ブルックスは，あらかじめ決められた動きを遂行するロボットではなく，やはり幾つかの反射だけを組み込んだ歩行ロボット，クリーチャーを作り上げた（Brooks, 1991）。たとえば，障害物に当たれば方向を転換するとか，身体が傾けば傾いた方向に足を出すなど，歩行中に予期しない外的刺激にであったときに，そのつど反応して行動するよう設計されている。ブルックスはこれらのクリーチャーにあらかじめどのように歩行するのかという計画や，最適な歩行モデルを定めていない。しかし，クリーチャーは自然界にある予測もつかないような障害物などにも，まるで対応の仕方をその場で発見するかのように臨機応変に対応してふるまう。自然環境の複雑な刺激のレイアウトに対して，まるで意志をもっているかのように反応して目的の行為を達成するのだ。

　ブルックスは後に共同研究者らとアイロボット社を設立し，ヒット商品となった掃除ロボット，ルンバを生み出した。このルンバも同じく反射のメカニズムで動いている。複雑で毎回異なる室内環境のレイアウトに対応し，まるで意志をもっているかのように移動して掃除する姿を見たこともあるだろう。しかし，ルンバもまたどのように動くのかということをあらかじめ決めて動いているわけではない。

　繰り返しになるが，ここで紹介した，ホルトの水棲動物，レイノルズのボイド，ブルックスのクリーチャー，そして掃除ロボット・ルンバにも身体を動かす司令塔としてのこころはプログラムされていない。つまり，複雑な認知処理を行わなくとも，環境にある刺激エネルギーのレイアウトから，反射の組み合わせだけで行動を調整することができるということだ。認知心理学が想定していた入力と計算処理，そして行動の出力という図式は当てはまらない。

　これらの人工生物やロボットは生物に「似ている」だけであり，生物そのものではないという批判もあるだろう。しかし，構成論的アプローチは心理学に新たな視点を提供してくれる。こころは必ずしも身体の内側だけで起こる現象ではないのではないか。ホルトがいうように，こころとは環境との関係の中にあるものではないのか。

4　生物にとって意味のある環境

　動物行動学者のユクスキュルは，著書の中で生物が知覚する世界を描いている（Uexküll & Kriszat, 1934；1970）。単細胞生物であるゾウリムシは，細胞表面にある繊毛を使って泳ぎ，障害物にぶつかると遊泳方向を反転する。ゾウリムシは細菌を餌としているが，細菌にぶつかったときにだけ静止する。ゾウリムシにとっては，ぶつかるものが岩であろうと水草であろうと，細菌以外のあらゆるものは障害物に過ぎない。このような単細胞生物の世界観は人のそれとは相容れないであろう。経験としての世界は生物種によって異なる。ユクスキュルはこのように生物が知覚する世界はそれぞれ異なり，それぞれの生物にとって意味のある世界に生きていると指摘した。それぞれの生物にとって意味のある世界をユクスキュルは環世界と名づけている。

　先にあげた人工生命やロボットを例に取れば，レイノルズのボイドにとっての環世界は他のボイドの配置だけであるし，掃除ロボット・ルンバにとっての環世界は障害物とゴミやほこりだけであろう。ルンバにとっては部屋の壁紙が何色なのかとか，道を塞ぐ障害物が段ボール箱なのかブランド物の高級バッグなのかということは区別しなくてよいことである。ルンバにとって意味を持つのは，そこが移動できるのかできないのか，そこにゴミはあるのかということだけである。環世界という考え方を導入すると，世界は生物にとっての意味というレベルで記述することができるだろう。

　ホルトの教えを受けた知覚心理学者のギブソンは，環境にある生物にとっての意味をアフォーダンスという用語で表現した（Gibson, 1979）。アフォーダン

スはギブソンの造語であり，「〜を提供する」とか「〜することができる」という意味を持つ「アフォード (afford)」という動詞を名詞形にしたものである。それは環境の側が生物に提供する行為の可能性のことだ。ユクスキュルが環世界という概念で表現したように，生物を包囲する環境はアフォーダンスに満ち溢れた世界として捉え直すことができる。たとえば，建物の壁のように平らで十分な強度をもった硬い面は，人がよりかかって楽な姿勢をとることをアフォードしている。言い換えると，よりかかることができるというアフォーダンスを壁は持っている。それだけではない。壁はテニスの壁打ち練習の反射板にもなるし，張り紙をするための支持面にもなる。アーティストにとってはグラフィティを描くためのキャンバスにもなるだろう。このようなアフォーダンスは，人が環境との関係をもつ中で発見される性質である。

　しかし，壁はまた人の前だけに現れるものではない。ツタなどのよじ登り植物にとっては，壁は自身の身体を固定する支持体としてのアフォーダンスを提供するだろうし，ナメクジにとっては登ることができるというアフォーダンスを提供するだろう。もし壁が木製ならばシロアリにとってはご馳走としてのアフォーダンスを提供するかもしれない。これらはすべて同じ一つの壁にあるアフォーダンスだ。このような前提に立つと，環境は無数のアフォーダンスがせめぎあう場として立ち現れるだろう。

　人を含めた生物は，多様なアフォーダンスを持つ環境の中にいて，そこから出ることはない。魚の生活を支える環境は魚にとって意味をもつアフォーダンスに充たされている。ある魚にとって栄養となるプランクトンは，食べることができるというアフォーダンスを提供するが，それは他の魚にとっても同じアフォーダンスを提供するだろう。そこには資源の奪い合いが発生する。しかし，魚が生活環境である水中から離されて，陸地に放たれれば利用できるアフォーダンスは極端に減るだろうし，そもそも魚の生存をアフォードしないであろう。生物と環境は相即的であり，切り離して存在することはできないのだ。それゆえに，ギブソンの心理学は生態学的（エコロジカル）といわれる。

5 環境との関係を取り結ぶ身体

　海に出てサーフィンをする場面を考えてみよう。うまく波に乗るためには，多様に変化し続ける波に対して姿勢を調整しなければならない。腰を落として重心を下げたり，舳先を変えるなどして波に対する姿勢を変えれば，その姿勢の変化がまた波との関係性にダイナミックな変化をもたらす。サーファーは変化する波との関係性を知覚し続けながら，絶え間なく運動を変化し続けなければならないだろう。この時，どこまでが刺激（入力）で，どこからが反応（出力）かと問うことは意味をなさない。サーフィンは波という環境に出会ったサーファーの，絶え間ない関係の取り結びに他ならないからだ。そこには入力とも出力とも分離することができない連続的な調整がある。

　ハサミで紙を切る運動を考えてみよう。親指を上の穴に，人差し指と薬指を下の穴に入れて，挟みこむような運動をすれば，ハサミで紙を切ることができる。実に簡単な動作だが，同じことをハサミ抜きで再現しようとしてもなかなかうまくいかない。ハサミで紙を切るという行為は，ハサミという道具の剛性と，刃の切れ味と，紙の硬さに基礎づけられているからだ。環境との関係を持つことなく行動だけを独立に起こすことはできない。動物の行動を環境という文脈から切り離して議論することはナンセンスである。

　2006 年，名古屋工業大学の佐野を中心とする研究グループは，人間のように二足歩行する受動歩行機とよばれる機械を開発した（佐野・池俣 & 藤本, 2006）。二足歩行ロボットの研究はロボティクスの中でも一大分野となっており，数多くの研究者が自然な二足歩行を遂行するロボットを開発してきた。中でもホンダのアシモ（ASIMO）は有名だろう。アシモは全身のセンサーから自身の動きをモニターし，その運動の詳細をプログラムが制御するという仕組みだ。コンピュータによる精密な計算がアシモの運動を支えている。しかし，佐野らが開発した受動歩行機は，そもそもセンサーどころかコンピュータもない。モーターすら備えていない。単にアルミニウム製の足の機構があるだけの

機械だ。この受動歩行機は重力を利用した力学的ダイナミクスだけで歩行を行う。アシモを始めとするこれまでの二足歩行ロボットが，高度な運動プログラムを用いて上意下達的に身体各部に命令を出していたのとは対照的に，受動歩行機は環境にある重力エネルギーだけで自然な歩行を可能にする。人の足の力学的構造を模して作製されたこの受動歩行機は，その歩行も人の歩行に実によく似ている[2]。佐野は「二足歩行はヒトが生み出した機能ではなく，自然現象（物理現象）そのものである」と述べている。また，受動歩行機の動きが人の歩行に似ているのではなく，人の歩行が本質的に受動歩行機と同じだからそれを似ていると感じるのだという。

　人の足がその力学的ダイナミズムのみで歩行を実現するのであれば，おそらくそれを可能とするような形態進化があったのだろう。哲学者のリードは，環境との絶え間ない関係の取り結びが，形態進化を促した証拠として，収斂進化という現象をあげている（Reed, 1996）。収斂進化とは，系統がまったく異なる動物種同士が，似通った生態学的地位に立つと，類似した形態へ進化する現象である。たとえば，イルカやクジラは哺乳類であるが，ウシやネコよりも，むしろ魚類に似た形態へ進化している。これは海という環境との関係を取り結んだ結果として，より効果的に環境のエネルギーを利用できる形態に変化したと考えていいだろう。つまり，イルカの環境との関係の取り結び方は，魚類のそれと同じであったということだ。形態進化は環境との関係の取り結びの歴史に他ならないのだ。

　これまで，環境と関係を取り結ぶ生物や機械を見てきた。受動歩行機のようにまったく認知的な処理を行わないような機構であっても，それが環境との関係を取り結ぶことができれば，自律的な行動を起こすことができるのだ。これは，身体はただの容れ物で，司令官であるこころがこれを動かさなければただの物体に過ぎないという素朴な主張が誤りであるということを示すに十分であろう。しかし，だからといって脳が何もしていないという主張をするつもりではない。身体を欠いて脳だけを取り出して議論をしても意味がないということだ。環境との関係の取り結びが形態進化を促したのであれば，神経系もまた，

その構造そのものが環境にある刺激エネルギーを効率的に利用するよう進化したものと考えても奇異ではない。人の高度に発達した脳という臓器も，それをコンピュータの中央演算装置と同じようなものとして捉えるのではなく，環境との取り結びの歴史が結実したものという観点から捉え直す必要があるだろう。

6　こころとは何であり，何ではないのか

　さて，それではこころとは何だろうか。考察を重ねても，この問題に結論を出すことは難しいだろう。しかし，これまでの考察から，少なくとも「こころとは何ではないか」には答えられるのではないだろうか。

　まず，こころはソフトウェアのような現象ではないということだ。コンピュータのソフトウェアは，それだけを取り出してハードウェアを交換しても同じように機能する。しかし，人のこころを他者や別の動物に移しても（それが技術的に可能であったとしても，）同じようには機能することはないだろう。なぜなら，身体はそれ自体が力学的ダイナミズムを持ち，環境と関係を取り結んでいるからだ。行動は身体が環境と取り結ぶ関係を抜きにして生起しない（ハサミを持つ手を思い出そう）。感覚器や筋骨格系のあり方が，環境との関係性を規定している。主観的には，生物にとって意味ある世界の現れ方，いわばユクスキュルがいうところの環世界を決定しているともいえる。あらゆる行動が物理的な制約と環境との関係性の中で生起するのであれば，こころもまたそれらと無縁とはいえないだろう。

　また，こころは身体の内側にある司令官のようなものではない。たとえば目的地を定めてそこまで歩行することは，意志をもって行う行動と考えてもよいだろう。しかし，歩行の実際は，そのすべてが司令によるものではない。佐野の受動歩行機が示したように，歩行は身体の力学的ダイナミズムがその多くを担っている。また，目的地までの道中にある障害物や他者を避けることは，環境に対応した連続的な行為の調整を必要とするだろう。目的地に向かうという

行動は，身体の力学的ダイナミズムがそれを基礎づけし，変化し続ける環境への絶え間ない調整を必要とする。中枢からの司令はあったとしても，全身の運動を規定するものではなく，目標設定程度の位置づけに後退すべきであろう。

　こころが何であるのかという問題は答えを出しにくい。なぜなら，それがどのような現象であるのか，その定義も規定する範囲も定まっていないからである。しかし，少なくともそれを説明するためには，環境や身体との切り離せない関係性を抜きにすることはできない。広い意味では，環境や身体もまた，こころという現象を構成する要素ととらえるべきであろう。

　人工知能や人工生物などが急速に発展する現代においては，何が生物であり，何がこころという現象なのか，その境界は揺さぶられつつある。心理学もまた，旧来の素朴なこころのイメージを捨て，「新しいこころ」を問い直す時期にきているのではないだろうか。

▌注

1）ボイドの実装については『ゲーム開発者のための AI 入門』（Bourg & Seemann, 2004）に詳しい解説がある。
2）受動歩行機が歩く様子は名古屋工業大学佐野研究室のウェブサイトで見ることができる。http://drei.mech.nitech.ac.jp/~fujimoto/sano/walk_jpn.html

引用・参考文献

Bourg, M. David & Glenn Seemann（2004）*AI for Game Developpers*, Boston: O'Reilly Media.（＝2006，クイープ訳『ゲーム開発者のための AI 入門』オライリー・ジャパン）

Brooks, A. Rodney（1991）Intelligence without representation, *Artificial Intelligence*, 47: 139-159.

Gibson, J. James（1979）*The Ecological Approach to Visual Perception*, Boston: Houghton Mifflin Company.（＝1985，古崎敬・古崎愛子・辻敬一郎・村瀬晃訳『生態学的視覚論——ヒトの知覚世界を探る』サイエンス社）

Holt, B. Edwin（1916）"The physiology of wishes; and their integration", *The Freudian Wish and Its Place In Ethics*: 47-99, New York: Henry Holt and Company.（＝2000，本多啓訳「フロイト流の意図——意図の生理学，およびその統合」『現代思想』28（5）：96-117）

Reed, S. Edward（1996）*Encountering the World*, New York: Oxford University Press, Inc.（＝2000，細田直哉訳，佐々木正人監修『アフォーダンスの心理学——生態心理学への道』新曜社）

Reynolds, Craig（1987）Flocks, herds and schools: A distributed behavioral model, SIGGRAPH '87: Proceedings of the 14th annual conference on Computer graphics and interactive techniques（Association for Computing Machinery）: 25-34.

Uexküll, von Jakob & Georg Kriszat（1934; 1970）*Streifzüge durch die Umwelten von Tieren und Menschen*, Frankfurt am Main: S. Fischer Verlag GmbH.（＝2005，日高敏隆・羽田節子訳『生物から見た世界』岩波書店）

佐野明人・池俣吉人・藤本英雄（2006）「歩行現象の力学原理から見たヒトの歩行」『バイオメカニズム学会誌』30（3）：119-122

士郎正宗（1991）『攻殻機動隊』講談社

第 7 章　政治学 I

デモクラシーの現在

1 政治学とは何か

　「政治」とは何だろうか？　何やら難しそうなものだというイメージを抱いている人も多いことだろう。多くの人は，何か国家的なものと結びつけてイメージしていることが多いようだ。さらにそのイメージは，難しい，自分とは縁遠い，面白くない，などネガティブなものであることも少なくないように思う。まずは，政治とは一体何かということを考えることからこの章を始めてみよう。

　少し「政治学とは何か」という問いとずれているように感じられるかもしれないが，次の質問について考えてみてほしい。「あなたが今，欲しいもの・望むことは何ですか？　そして，それはすぐに手に入るものですか？」。流行りのゲーム機器を頭に思い浮かべた人もいれば，車やオートバイのようなものを欲している人もいることだろうし，友人や恋人が欲しいという人もいるだろう。なかには，幸せな未来が欲しい，不安なく生きていきたい，などというように漠然とした望みをあげた人もいるかもしれない。

　もしすべての人が欲しいときに欲しいものを何でも手に入れられるとしたら，また，すべての望みがいつでもすぐに叶うとしたら，それはすばらしく理想的な世界だといえるかもしれない。しかしながら現実には，この世界はそんなふうにはなっていない。人類によって活用できる資源が限られている有限の地球を前提とし，異なる価値観を持つ多数の人が存在する社会の下では，すべての人の望みが完全に叶う組み合わせはありえないのだ。それではどうしたら

よいのか。それを考えていく営み、それこそが政治なのである。社会には多様な人々が暮らしており、それぞれ望むことがあるわけで、だからこそ社会では様々な議論が起こる。例えば、新しく高速道路を建設することに対して、便利になるとして歓迎する人々もいれば、環境破壊になる、財政負担が増える等といった理由から反対する人々もいる。このように人は皆それぞれ考え方も違えば、利害も異なり、そのような中で、ひとつの方針をまとめ方向性を決めていかなくては社会が成り立たない。これが、政治というものが存在する理由のひとつである。

　逆にいえば、もし、すべての人々の希望を叶えることが可能であるならば、この世界に「政治」などというものは存在しないともいえるだろう。しかし、これまでの歴史において、すべての人々が欲しいものをすべて手に入れたことなどは一度もない。だからこそ、これまで人類はたくさんの戦い（戦争）をしてきたのである（中学や高校での歴史の授業を思い返してみれば、戦いの話ばかりであっただろう）。限られた資源をめぐって、お互いを殺し合わずに、どのように平和的に分配していくべきなのか。長い年月における多くの犠牲を経て、人類はようやく、そのためには言葉での議論が重要であることに気づくことになったのだ。自分たちの主張を説明し正当化するために議論を提起し、また他人の主張に反論するために、人々は、必要な言語を作りあげ、そしてその言語を使って、権利・自由・正義といった価値について議論したりしてきたのである。つまり、政治とは「いつ、どこで、誰が何を、どのように得るか」という問いに対する答えなのである。より難しい言葉でいうと、政治学とは「資源や価値観をめぐって一定の決定をするための方法（プロセス）と、決定された結論の妥当性を考える学問である」ということもできる。

　政治とは実はごく日常的な事柄に関係する営みであり、政治家や官僚が行っている活動を知ることだけではないのだということをまずは理解してほしい。

2 デモクラシー

☞ 2-1 デモクラシーとは何か

　それでは，「いつ，どこで，誰が，何を，どのように」獲得するのかという問いに対し，結論を得るための決定はどのようになされているのだろうか。ひとつの集団（政党）が決定に重要な役割を果たす国もあれば，軍が支配している国，王族の力が強い国，暴力が支配している地域などもある。現在の社会において，最も多くの国で用いられている決定の方法が，デモクラシー，すなわち民主主義である。デモクラシーとは，「私たち自身が私たち自身のことを決定することができる仕組み」だということができる。公平で競争的な選挙を行い，選ばれた人々を通して決定がされ，そのようなプロセスで決定された結論については，みんなで従おうという考え方が，最も国民の意見を反映している政治形態であると考えられている。

　このように選挙により選んだ代表を通して政治を行うことを「代表民主制（＝代表制民主政治）」や「間接民主制」という。ここ日本や，その他の多くの国では，主権は国民にあり，自分たちの決定を自分たちで行う，ということがあたりまえである（＝正統性がある）と考えられている。多くの人はこれまでの学校教育の中で，デモクラシーの基本的な仕組みを学び，重要で大切なものだと覚えてきたことだろう。現在，日本や西欧諸国では，デモクラシーは一般的な政治体制となっているが，世界には必ずしもそうではない地域もたくさんある。また，歴史的にみても，独裁政治や専制政治，君主制などのように一人の人間や一部の人々に権力が集中した政体の方が多く存在し，古代ギリシアやイタリア，中世の都市国家（ヴェネツィアやフィレンツェなど）のように民主主義が普及した社会の方が例外的であったのだ。

☞ 2-2 デモクラシーの起源─古代ギリシア・アテナイのデモクラシー

デモクラシーにはおよそ2500年にも渡る長い歴史がある。一般市民の政治

参加を可能とするような政治システムの起源は，紀元前 500 年頃の古代ギリシアまで遡ることができる。古代ギリシアは，今日私たちが考えるような国家ではなく，数百にのぼる独立した都市が国として成立していた。これを都市国家（ポリス）と呼ぶ。そのような都市国家のひとつであるアテナイにおいて，民衆中心の政治体制が取り入れられたのは紀元前 507 年のことである。デモクラシーとは，もともとはギリシア語で民衆を意味する demos と，支配することを意味する kratos から作り出された言葉だ。つまり，「人々が自分たち自身のことを決めていく」ということだ。そこでの決定方法は，全市民により代表が選ばれて，代表を通じて話し合いなどをする方法ではなく，全市民が参加資格を与えられた民会において，抽選や投票が直接行われることにより政治的な決定がなされていた（これを「直接民主制」という）。現在，わたしたちは，デモクラシーには，すべての成人市民の政治参加が保障されていなければならないと考えている。しかしながら，古代ギリシア・アテナイの民主政治では，「市民」のすべてが参政権を持っていたとはいえ，その「市民」には女性・奴隷・在留外国人は含まれていなかった。日常のさまざまな雑務を奴隷等にさせていたからこそ，「市民」は長い時間を掛けて討議する自由を手に入れていたともいえるのである。その反面，アテナイの「市民」には，ポリスへの義務，遵法精神，自己犠牲といった公共精神が重要視されていた。常に帝国から自国を守る必要性のあったこの時代，市民であることは，兵役をこなすことと等しかったのである。このように，女性や奴隷などには兵役の義務はなかったが，「市民」とみなされることもなく，参政権も与えられていなかったのだ。アテナイの「市民」は総人口の 5 分の 1 以下であったといわれる。

　また，アテナイの直接民主制を可能にしていたもうひとつの大きな要因は，アテナイの規模である。アテナイの大きさは，神奈川県より少し大きい程度だった。誰もが発言権を持つ政治を可能にするためには，共同体の様々な問題を皆が理解し，道徳的，宗教的な価値において，同質性の高い共同体であったということも政治的判断を下すうえで重要だったとされている。

☞ 2-3　デモクラシーのない社会と社会契約論

　上にみるように今とは少し違った形ではあったものの，古代ギリシアの時代に現在のデモクラシーの原点と呼べる政体があったのである。それでは，デモクラシーは古代ギリシアの時代から現在まで持続的に発展を遂げ普及していったのだろうか？　残念ながら，そうではない。アテナイの衰退とともに古代ギリシアのデモクラシーは消滅してしまったのである。デモクラシーが再び政治システムとして取り入れられるようになったのは，市民革命期以後となる。

　それでは，デモクラシーのない社会では物事はどのようにして決定されていたのだろうか。中世では，ローマ教皇が絶対的な権力を持っていた。各国の王の上に教皇がいて，誰を王として認めるのかを承認する権力を教皇が持っていた時期もあった。中世では，このような教皇，皇帝，国王，諸侯といったように一部の人々が権力を持ち，一般の民衆が決定の過程に参加することはできなかったのだ。その後，西ヨーロッパでは，16世紀に宗教改革が起き，教皇の権威が低下していくと，権力が王に一極化するようになった。このように，王に権力が集中していた政治体制を「絶対王政」という。日本でも，平安時代までは天皇が，鎌倉時代以後は将軍と呼ばれる武士が政治的な決定を行っていた。

　しかしながら，ヨーロッパでは，15世紀末頃から王族や貴族などの一部の人が権力をほしいままにするような政治体制はおかしいのではないか，という声を挙げる人々が徐々に現れるようになる。啓蒙思想家と呼ばれる人々だ。例えば，フランスではルソーという人が活躍した。彼の有名な著書に，『社会契約論』がある。社会契約とは，ごく簡単にいえば，「社会」や「国家」ができる前まで遡って，社会や国家というものについて考えようとする思想だ。中世の世の中でほとんどすべての人は，社会・国家というものを絶対的なもの，と捉えていた。国家，王の権力，不平等な社会についても人々は神が決めたことであるからしかたのないことだ，とも考えられていた。ルソーら啓蒙思想家は，そのようにして神によって物事を説明しようとする姿勢に異議を唱え，社会の仕組みやあるべき姿を理性によって考えようとした。国家や社会とは人が

作り出した「産物」であると捉えた上で，社会や国家ができる前の状態では，「人々はばらばらな個人として自由に暮らしていたのではないか」と考えた。これがルソーらのいう「自然状態」と呼ばれる状態だ。人々はその状態で起こる様々な弊害を克服するために契約を結び，国家を設立しようと考えたのではないか，と思考したのだ。ルソーは，人間は本来自由な存在であり，共同体の設立は，人間にとって積極的な意義を持つ，と述べた。義務や理性に従って，自ら決定を下し，それに従う，という意味で自由であるべきである，と考えたのである。これが，当時の世の中では，発想の大転換であり，後の市民革命へとつながっていく大切な思想だったのだ。人々は，国は国王の所有物だとする絶対王政に反対し，国民の自由を主張するようになっていく。そして，その後，政治の権力を市民の手に戻そうと，さまざまな国や地域で革命が起こっていった。こうした，それまでの封建的・絶対主義的国家体制を解体して，近代的市民社会をめざした革命のことを市民革命という。代表的なものは，イギリスの清教徒革命や名誉革命，アメリカ独立革命，フランス革命などだ。それまでの，国王の権力が絶対的なものであるという一極集中型の制度から，市民が政治の権力を持つ制度へと変革していったのである。このようにして，市民革命の後，社会契約説に基づいて自由と平等を基盤とした民主政治が実現していくことになった。これが現在の多くの国の政治体制の礎になったのだ。

3 デモクラシーの課題

☞ 3-1　ポピュリズムか無関心か

　市民革命後の社会においては，人間が互いに自由・平等であることが社会の根本原理だという考え方が普及していった。イギリスでは 1688 年に名誉革命によって，議会政治（代表民主制・間接民主制）が始まり，20 世紀初頭までに普通選挙が多くの国々で実現されていく。現在の世界中のデモクラシーはほとんどがこの間接民主制によって行われている。

　このようにデモクラシーは，人類が獲得した重要かつ価値の高い制度である

が，同時にさまざまな難問を抱えるものでもあるといえる。デモクラシーに対する批判のひとつとして，例えば，民衆は政治にかかわるうえで十分な能力を持たないという考え方がある。貧しく無知な大衆は，自己の利益には敏感であるが，公共精神に乏しく気まぐれであるため，思慮深い判断ができず，安易な判断や一時的な時流に左右される。そのために民衆の心を掌握する民衆指導者が生まれやすく，大衆迎合主義やポピュリズムに陥る危険を持つという考え方である。さらには，独裁者が生まれやすい体制でさえあるとの指摘もされるものだ。このような民主主義批判は，プラトンやアリストテレスに代表されるようにすでに古代ギリシアにその起源があったが，同様の議論は20世紀前半までかなりの影響力を持っていた。

　大衆デモクラシーに対するこのように歴史的に幾度となく繰り返されてきた批判を裏打ちしたものとして捉えられているのが，20世紀初頭に人類が直面することとなったナチズムをはじめとする全体主義の経験である。特にドイツにあったナチスを主体とする政権は，ユダヤ人は劣等民族であると決めつけて徹底的に弾圧したことで知られる政権だ。この政権によって，500万人を超えるユダヤ人が何の罪もなく殺害された。このような政権が，選挙における正当な手続き，すなわち民主主義に従って政権についたのだということを知っているだろうか。ドイツでは，当時としては急進的なデモクラシーが実現されていた。そのころのドイツ国内の社会状況は，第一次世界大戦の戦後賠償が重くのしかかったことで，経済が低迷し，人々の間に不満と不安が広がっていた。そのような中で，人々は議会による時間がかかる決定過程にしびれを切らしていた。そのため，より直接的に彼らの意思を反映すると称する党派に動員されていったのだった。ナチスの国会での議席数は，1928年には12議席のみであったが，1930年には107議席へと躍進し，1932年には230議席を持つ第1党になった。熱狂的な演説を繰り返すことで支持を増やしていったナチスは，政権を取った後にも，高速道路の建設などの公共事業や軍需産業の拡大により雇用を増やして失業者を減らし，国民の支持をさらに集めた。その後，党首であるヒトラーは，独裁政権を樹立するため，1933年，内閣に無制限の立法権を付

与する全権委任法を民主的な国会による議決を経て成立させたのであり，その後，ナチス以外の政党の存在を禁止し，議会を停止して名実ともに独裁者となっていったのであった。

　このように1920年から30年代にかけてドイツやイタリアに出現した暴力的で閉鎖的な体制が，民主主義の手続きを経て生まれていったという事実から，大衆によるデモクラシーは危険なので政治のことはエリートに任せるべきであるという思想（スペインの政治哲学者オルテガ・イ・ガセットによる『大衆の反逆』（1930）など）が力を増していった。現在でも，デモクラシーといいつつも，実際に世の中のことを決定しているのは政治家であり，選挙に参加する権利を持っているとはいえ，実際に自分たち自身の決定過程に参加しているとは思えないというのが多くの人の実感だろう。政治のことは政治家や官僚などの専門家に任せたほうがよいとさえ思っているのは，このようなエリート主義という考え方に影響を受けているといえるのだ。しかしながら，政治のことは専門家に任せて一般の国民は投票だけすればよい，ということになると，国民はほとんど考えることなく投票し，選ばれた議員も何も話し合わずに採決を行うようになる，これが民主主義の形骸化と呼ばれる状態であり，代表民主主義が抱える最も深刻な問題であるといえる。

☞ 3-2　民主主義の中立性

　以上のような大衆デモクラシーに関する批判のほかに，民主主義の持つ別の観点での問題についても考えてみよう。

　デモクラシーとは，私たち自身が私たち自身の決定を行うことである。しかしながら，はたして「私たち」とは誰を指しているのだろうか？　「私たち」ではない人とはどのような人か？　例えば，日本では定住外国人には参政権が与えられていない。納税の義務を果たしていても，国政はおろか地方政治に参加する権利すらも認められていない。このように，同じく国内に共に暮らす人々の中に，政治に参加する権利を与えられていない人々もいるし，女性，障がいのある人，高齢者などのように，政治に参加する権利はあっても，その意

見が政治に反映される機会に乏しい人々もいる。多くの場合，社会の中の多数派の意思は，「理性」や「常識」であるとみなされ，多数派とは異なる少数派の人々が持つ意見は「非合理的」「非常識」「現実的でない」「非建設的」などとして排除されてしまいがちである。民主主義は，中立的で絶対的な制度であると思われがちだが，現実には，多数派の価値観が優先され，別の価値観を持つ少数派の意思は承認を得られないことが多く，多数派の決定に従うことを強いられてしまうという側面があるのだ。従来の民主主義は，ジェンダーやエスニシティといった少数派の声を社会に十分に反映することができていない。とりわけ，リベラル・デモクラシーを生み出した西洋社会とは異なる文化的背景を持っている人々や，従来政治の主体の典型とされてきた男性とは異なるジェンダーであったりする人々にとっては，デモクラシーは暴力的な装置にさえなりうるのだ。

　日本社会を見渡してみても，アイヌ民族，沖縄の人々，在日韓国・朝鮮の人々や，その他の外国にルーツを持つ人々がいる。また，女性は歴史の中で長い間，政治的決定から排除されてきたことから，現在でもその名残から男性と対等な立場にあるとは言いがたい状況がある。LGBT の人々においてはなおさら過酷な状況がある（例えば，日本では同性婚が未だ認められていない）。このような人々は，民主主義という政治制度の中で，多数派である人々に融合，同化することが当然のように扱われてきた。

　民主主義の思想では多数決が原則であるのだから，少数派である人々の意見は無視すればいい，我慢してもらうしかない，と考える人もいるかもしれない。しかし，もし自分が，少数者側だったらどうだろう？　あるテーマについては多数派に属していたとしても，別のテーマについては少数者の側になることもあるだろう。少数派となった場合には常に我慢するしかない世の中でよいのだろうか？　いつでも，少数者は，多数派の意見に黙って従うことしかできないのだろうか？

4　新しい民主主義――「対話」という希望

　近年，このような従来の民主主義の持つ形骸化や非中立性という問題について変化を求める動きが見え始めている。従来の代表民主主義の在り方を根源から問い直そうとする新しいデモクラシー論は 1990 年頃から注目されるようになった。アメリカの政治学者ウィリアム・コノリーは，デモクラシーとは，集合的な意思決定の場というよりも，むしろ多様な考え方に出会う場としてみなされるべきであるとした。人々は自分の利害関係を通すためにデモクラシーに参加するのではなく，むしろ自分とは異なる立場の人々や，異なる考えを持つ人々（他者）と接することで，多様な立場からのものの見方を学び，自分の考えを相対化したり変化させたりすることこそがデモクラシーの本来の目的である，と考えたのである。このような立場は，市民社会での意見交換や対話を重視し，現代における代表制民主主義の形骸化や非中立性といった欠点を補完し，直接的に声を拾い上げようとするものとして，注目されるようになってきている。

　このように，市民が自ら公共的な事柄について理性的な対話を行うことを「熟議」や「討議」という。そして，このような対話を重視する民主主義の在り方を熟議民主主義，あるいは討議民主主義と呼ぶ。簡単にいうと，「数がすべてではなく，決定への過程に重きを置こう」という考え方である。熟議（討議）民主主義は，対等な立場のもとでの対話によりその過程において自らの判断や見解を変容させていくことにより，普遍的な合意を目指す。ただ単に，異議申し立てを行うことで社会がよりよい方向に導かれる，というわけではない。皆が自分の価値観を押し付け合えば，その結果，社会が分断してしまう，という危険もある。民主主義の中で，個々の市民の価値観の多様性や社会の多元性を認めつつ，それが人々の敵対や無関心を助長し，社会の分断を招いてしまうという事態を避けるためには，どうすればいいのか？　民主政治には，どのような可能性があるのか？　これらの問題は，これからの政治学が取り組ん

でいこうとしている課題である。熟議（討議）民主主義は，異議申し立てや多様な意見を人々が表出することができることの利点を生かしながら，同時に社会としての統合という問題を考えていこうというひとつの試みである。政治のエリートだけではなく，市民が主体となって様々な意見を理性的に，じっくり時間をかけて議論をして，公的決定に対する合意を形成し，それを法や政策として実現させていこうとする，新しい民主主義の試みのひとつなのである。

5 現代デモクラシーの挑戦

　以上のように，現代社会における民主主義では，数ではなく，意思決定の過程を尊重する努力がなされるようになってきた。このような潮流は日本でも見られる。地域の生活に直接影響を及ぼすような政治的課題については，住民投票を行って直接住民の意思を確認したり，行政が行おうとする政策について，事前に学者や業界の代表者，有識者などが参加する審議会において議論したり，パブリック・コメントを実施して広く賛否を社会に問うといったことも行われることが多くなってきている。このような営みは，「数がすべてではなく，決定への過程に重きを置こう」という考え方とも合致している。

　本章の最後に，身近な場で行われている「対話」の事例を紹介し，日本における新しい民主主義の可能性を提示して章を閉じたい。

　異なる価値観を持つ集団同士が，互いの価値観を押し付けることなく相互理解の方向性を見つけていこうとする態度として，「外国人市民代表者会議」がいくつかの自治体によって実施されている。これは，1996年に神奈川県川崎市に初めて設置されたものだ。川崎市は，外国人市民を「ともに生きる地域社会づくりのパートナー」として位置付け，1996年12月に外国人市民の市政参加の仕組みとして条例で設置した。「外国人市民代表者会議」は，公募で選考された26人以内の代表者で構成され，代表者は市のすべての外国人市民の代表者として職務を遂行することとなっている。代表者会議の運営は自主的に行われ，毎年調査審議の結果は，市長と議会に報告されるとともに，一般に公表

され，さらにその内容は施策に反映されるように努めることが求められる。現在，約 30 の自治体で同様の会議が常設されている。このような外国人市民代表者会議は，日本社会の中で自分たち自身のことを決定する権利が与えられずにデモクラシーから排除されている外国籍の人々が，自分たちの意思を表明することができる場であり，また，マイノリティとマジョリティの間の対話を可能にする場ともなる可能性を持つものとみることができる。このようにして，対話によってもたらされる結論は，単なる多数決によってもたらされる結論とは本質的に異なるものである。

　しかしながら，このような会議の重要性に対する一般の人々の認知度はまだ低く，当事者である外国人市民でさえも，その存在自体を知らない場合も少なくない。さらに，代表者会議という対話の場で用いられる言語は日本語であり，通訳とともに参加することは可能ではあるものの，通訳ができる人材を探し出す労力や費用のことを考えれば，実質的には日本語で十分にコミュニケーションをとることができる人のみに限られてしまうという課題も残されている。日本では現在，定住する外国人の数は 270 万人にも達しており，地域社会の中で共に生活をしているにもかかわらず，彼らとの間で対等な立場における対話という条件を整えるにはまだまだ課題が山積みとなっているといえるだろう。

　このように，試行錯誤の段階ではあるが，民主主義が抱える難問へ挑む大きな可能性を持つものであることは確かである。政治の体制は，人が作るものである以上，正解はない。この社会を構成する各人が，よりよい社会の在り方は何なのか，自分の頭で考え続けていくしかないのである。政治学を学ぶということは，身近な事柄に向き合い，考え続けるということなのである。

参考文献

ケリー，ポールほか著，堀田義太郎監修，豊島実和訳（2014）『政治学大図鑑』三省堂

ダール，ロバート・A. 著，中村孝文訳（2001）『デモクラシーとは何か』岩波書店

佐々木毅（2007）『民主主義という不思議な仕組み』ちくまプリマー新書

川出良枝・谷口将紀編（2012）『政治学』東京大学出版会

川崎修・杉田敦編（2012）『現代政治理論』有斐閣アルマ

小川仁志（2010）『はじめての政治哲学——「正しさ」をめぐる 23 の問い』講談社現代新書

坂井豊貴（2015）『多数決を疑う——社会的選択理論とは何か』岩波新書

川崎市ウェブサイト「外国人市民代表者会議とは」（http://www.city.kawasaki.jp/250/page/0000041052.html）最終アクセス 2019 年 10 月 1 日

法務省ウェブサイト「在留外国人統計（旧登録外国人統計）」（https://www.e-stat.go.jp/stat-search/files?page=1&layout=datalist&toukei=00250012&tstat=000001018034&cycle=1&year=20180&month=24101212&tclass1=000001060399）最終アクセス 2019 年 10 月 1 日

第8章　政治学II

政治学の要点

1 政治──「向こうから迫ってくる何ものか」を捉えるために

　政治とは，それが好きでも嫌いでも，興味・関心があろうとなかろうと，こちらから近づかなければ向こうから迫ってくる何ものかである。本章はそういう政治を扱う学問＝政治学の本質を考える。

　構成はつぎの通り。第一に政治学とは何かを定義し（2政治学の定義），第二にその定義の理解を深め，有効性を検討するために，具体的な実例をみていく（3実例から政治学を考える）。第三に政治（学）と情報・知識の関係の重要性，および問題点に触れ（4情報・知識と政治），政治学を学ぶことの効用にも触れる（5政治学の効用）。

2 政治学の定義

　学者によってさまざまに定義されるが，ここでは平易で，しかも政治という現象をみていくのに大変有効な定義をあげる。

☞ 2-1　政治学の主題

　「政治学とは，社会全体に影響を与えるような利害と価値をめぐって生じる紛争についての研究であり，また，どうすればこの紛争を調停することができるかについての研究である」（Crick, 1987＝2003：13）。

政治学とは，つまるところ「利害」と「価値」をめぐる紛争＝いざこざに，いかに妥協点を見いだしていくかの研究といえる。多かれ少なかれ，ほとんどすべての政治現象は，この定義に係わるだろう。なんらの紛争＝いざこざもない世界に，政治学はいらない。しかし不幸にして古から今に至るまで，世界はいざこざに充ちている……。

また，政治の働きをこう定義することもできる。

「人間が社会の中で統一的秩序をつくり，社会全体を律しようという働き」（高畠，2012：26）。

要するに，「利害」と「価値」をめぐる紛争＝いざこざの中に，いかに妥協点を見いだすか，いいかえればいかに「統一的秩序をつくり」出すか，それが政治の働き・役割である。この働き・役割を研究するのが政治学である。

☞ 2-2　政治学の分野

たとえば次のようなものがある。

(1)　政治的イデオロギーや思想の研究（イデオロギー論，政治思想史）

(2)　政治的指導者やエリートの思想や行動の研究（エリート論，リーダーシップ論，政治史）

(3)　政治的決定の作成過程の研究（政治的意思決定理論，政治過程論）

(4)　政治的決定の内容や方法の研究（政策論，戦略論，自治論，地方政治）

(5)　政治制度の研究（政治制度論，政治機構論）

(6)　政治的集団の研究（政党論，政治運動論）

(7)　政治的決定の執行・伝達過程の研究（行政学・政治的コミュニケーション論）

(8)　大衆の政治意識や行動の研究（政治行動論，政治意識論，政治心理学，民衆史）

(9)　諸国政治の比較研究（比較政治学）

(10)　国家間の政治の研究（国際政治学）

(11)　政治の変動についての研究（政治変動論）

(12) 国家や政治についての一般理論（政治体系論，国家論，政治哲学，政治社
　　会学）などなど（高畠，2012：28-29）。

　このように政治学の分野は多様だが，どの分野も先にみた政治学の考え方を
モノサシとして，分析し考察し批判していくことができるはずである。

☞ 2-3　民主主義における教育（情報・知識）の重要性

　もう一つ，少なくとも「民主主義」国家においては，次の考え方も理解して
おく必要がある。

　「教育は民主主義の根本である。自分の考えによって自由に投票できるため
には，投票する人は自分自身の利害を知っていなくてはならない。すなわち政
治的知性は自分の外の世界についての知識から始まるのである」（Olivier, 1988:
60)。

　民主主義という制度——かりにこれを「個人の尊重と平等とに基づいた社会
制度」と定義する——のもとでは，人は「個人」として尊重される（基本的人
権の尊重)。「個人」として，自分の置かれている状況（「自分の外の世界」）を知
っているのかいないのか。自分は何を望み，何を欲するのか。何を嫌い，何に
怒るのか。あなたはそれらをどの程度知っているだろうか。

　たとえば今，ほとんど毎日のように聞く「少子高齢化」や「温室効果ガス」
（端的にいいかえれば「気候変動元凶ガス」！）の問題。このままの状態でいくと，
自分がこれから生きていく社会はどうなるのか。ことに若いあなたの将来にと
ってこれらの問題が無関係でないとすれば，さて，ではどうしたらいいのだろ
うか。——といったことが「政治的知性は自分の外の世界についての知識から
始まる」ということである。

　このように，まずは「自分自身の利害」を知る・考えるための，基礎的な情
報・知識をすべての人に提供することは，民主主義における「教育」の必須条
件である（「**4情報・知識と政治**」参照）。

☞ 2-4 政治（学）＝個別・具体的な問題からの出発

ところで，あらゆる政治現象，「利害」と「価値」をめぐる紛争＝いざこざは，個別・具体的な問題から生ずるのであり，一般的・抽象的な話から始まるのではない。政治（学）は，基本的につねに個別の具体的な問題──「保育園に入れない子どもの存在」「格差と貧困の問題」「原発再稼働是か非か」等々をどうするか──から出発し，またその問題の解決をもってとりあえず終結する。

別にいえば，政治学のみに固有の内容というものは，ほとんど存在しないということである（例外は権力に関する議論くらいである）。

これは見方を変えれば，社会に起こるほとんどすべての現象は，──そこに「利害」と「価値」をめぐる紛争＝いざこざがある限り──多かれ少なかれ政治的な意味合いが含まれる，ということでもある。

3 実例から政治学を考える

政治現象は個別・具体的な問題から生ずるから，政治学の考え方を理解するには，実例を見るのが最も効果的である。

そこで以下では，いくつかの実例を取りあげて，「2政治学の定義」でみてきた政治学の考え方・ものの見方が，どのように有効であり重要であるかを検討してみよう。具体と抽象，事実と概念との往復作業を通して，政治学の基本的な考え方がよりよく理解されるはずである。

☞ 3-1 社会に関心を持つとはどういうことか

次の新聞記事を見よう。読者からのこんな相談である（「悩みのるつぼ」『朝日新聞』2011 年 12 月 3 日付朝刊）。

31 歳の女性です。最近よく，「社会に関心を持つとはどういうことか」
と考えています。お恥ずかしい話ですが，この年になっても自分にとって

の最重要な関心事項は依然として「自分自身（もしくは自分の利益）」です。いまだに変わらない，そういう自分の在り方に危機感を持っています。

　3・11 が起こってから，ようやく自分以外のことに興味を持ち始め，今まで読みもしなかった新聞の社会面や政治面，国際面などを読み始めました。

　しかし，時間が経つにつれ，「関心を持ち続ける」ためのモチベーションが薄れ，元の狭い自分の世界に浸ってしまいそうになります。そもそも「社会に関心を持つ」ことの重要性を意識し始めたのは，「社会に関心を持たない」ことがそれだけで悪なのではないかと考えるようになったからです。

　今，問題になっているもろもろの事柄（原発，沖縄の基地問題など）も，「問題」となるに至ったそもそもの原因の一つは，私たち一般の人間が「関心を持つ」行為を怠っていたからではないかと思うのです。

　「悩みのるつぼ」の先生方は，常に社会にアンテナを張り，また積極的に社会に働きかけていらっしゃると思います。私のような，社会性に乏しい未熟な人間が，社会に心からの関心を持ち続けるためには，どう行動すればよいでしょうか。

これに対して，回答者の上野千鶴子（社会学者）は，次のように言う。

　すてきな質問ですねえ。「自分にとっての最重要関心事は自己利益」って，31 歳にしてこの真実にたどりついたあなたは賢明です。はい，まったくそのとおり。そのわりに，あなたは自己利益を大事にし足りないのではありませんか？

　3・11 で急に「自分以外のことに興味を持ち始めた」ですって？　逆でしょう。3・11 でようやく自分の利益を真剣に考えはじめたんじゃありませんか？　地震も原発も，他人事ではありません。放射能汚染に敏感になり，線量計を買いに走り，マスメディアは信用できないと思い，原発関連の本を読みあさる……ようになったのは，すべて自分のためではないでしょうか。

　そう思えばフランスと日本が原子力安全強化へ向け共同宣言を出したのも，日本のためを思ってというより，原発大国である自国の原子力技術を輸出するという国益のためですし，アメリカが核の傘のもとに日本を防衛してくれるというのも，日本国民を守るためではなく，アメリカの極東戦略という国益のためです。どの国も，どの個人も，みーんな「自分の利益」のために動いているんですよ。

　自分の利益は世界とつながっています。株を持っていれば国際経済の動向に一喜一憂しますし，海外旅行をしようとすれば為替の変動が気になります。

　あなたがここでいう「自分の利益」は，ほんとうの「自分の利益」とは思えません。たんなる「思考停止」というものでしょう。めんどくさいから，考えたくないから……それってとっても自分を粗末にしていることになりません？　そうやって思考停止した結果，日本はいま，原発事故という高くつく授業料を払わされています。なんて自分たちの運命を粗末にしてきたものだこと！

　もっともっと自分の利益を真剣に考えて下さい。あなたはいま正社員，それとも派遣，あるいはパラサイト？　あなたの10年後，20年後はどうなるの？　親の介護は，自分の老後は？　今の職場に不安や不満は？　セクハラや病気で悩んでいない？　どれもこれも，社会とつながっています。能天気に思考停止してる場合じゃないでしょ。

　はい，今のあなたに足りないのは徹底的に自分を大事にする，という姿勢です。誰にとっても何よりも大事なのは自己利益，とわきまえた上で，他のひとたちの自己利益をも尊重し，自分の幸福を追求して下さい。

　さて以上が上野千鶴子の回答である。もちろんこの回答が必ずしも唯一絶対の「正解」ではないだろうし，別の考えを持つ人もあろう。「自己利益」の内容自体を問うこともできる。ただはっきりしているのは，ここには「政治学の主題」がよく現れていることだ。ここに言われていることは，まさしく「利害

と価値」に係わるだけでなく，「自分の外の世界についての知識から」「政治的知性」は「始まる」という事実を端的に示している。

☞ 3-2　ブルーボーイ裁判

次の事例はそもそも「裁判」だから，紛争そのものである。

　ある新聞の記者が，「ブルーボーイ事件について取材したい」と電話をかけて来た。「知らんぞ，そんな名前の事件。なんでぼくに電話をかけて来たんだ」とそっけなく答えたら，「では，『クヮルテット』という作品はなんですか。あれはブルーボーイ事件を題材にして書いたものではないのですか」と突っ込まれて，初めて頭が回転し始めた。そうか，その裁判は，そういう名前をつけられて，歴史のなかに位置づけられているのか。いや，じつに面白い裁判だった。

　そうだ，ある日先輩の医者の紹介状を持って来た弁護士に頼まれて，初めて傍聴席で裁判というものを見ることになったのだ。それがそのブルーボーイ事件の裁判だった。

　簡単に説明すると，今だったら，性同一性障害の治療として，男のからだを持った人間が，性転換してほぼ女性になる手術を受けても問題はない。もちろん精神科医から，診断を受け，それ以外の治療法はないと保証してもらわねばならないが，それは手続きとして必要であるだけのこと。だが，一九六〇年代の終わり頃，患者に頼まれて，同じ手術をしたら罪に問われた。ある医者が，三人の男を女に変える手術をしたとして検挙され，裁判の結果有罪になった。その裁判を傍聴人，証人，被告，検事のモノローグを四つの楽器で奏でる音楽の形で小説にしたのがぼくの『クヮルテット』だった。

　今でも思い出すが，じつに面白い裁判だった。検事が証人の美しい女性（とぼくは思った）に，「あなたは今，幸福ですか」と質問（裁判の用語では尋問）する。証人はハスキーな声で「ええ，好きなかれと結婚も出来て，今はとても幸せです」と答える。すると首を振って検事は「いやいやあなたが本当に幸せなはずがない」「どうして，本人がそう感じているのに，そ

うでないといえるでしょう」「あなたは今の法律では正式に結婚はできない
のですよ」と検事。「正式に結婚できなければ幸せではないのですか。正
式に結婚していても，私たちより幸せでない人たちは，たくさんいますよ」
と証人。「でもそれは本当の幸せではない」「なぜですか」「あなたは子ど
もが産めないのだ。あなたたちの間には決して子どもが出来ないからだ」
「世の中に子どものない夫婦はたくさんいます。その人たちは幸福ではない
というのですか」「真の意味で幸福でない」「真の意味と普通の意味の幸福
とがあるのですか」「証人は質問されたことだけに答えるように」戸惑いな
がら注意する裁判官。「質問の意味が分からなければ答えられません」

　なんでいったい，こんな幸福問答をしているのか，と思ったら，この美し
い証人が，被告の医者の手術を受けて，男から女に変わった，つまり性転
換した女性というかもと男なのであった。検事はあたまから，彼女ら（彼
ら？）は本当の幸せも分からないかわいそうなやからと見下していた。そし
て，そのような愚かな人間を惑わせて，金儲けのために，男を女に変えるな
どという，神の摂理に反する手術を施した被告を何が何でも罰しなければ
ならぬという使命感をもっていたようであった。だが，証人たちの答えに，
検事たちの幸福観が，いかに表面的で画一的なものだったかが暴かれて，
論理的にはかえって追いつめられていく。聞いていて面白くないはずがな
い。途中で，証人の答えに思わず拍手しそうになって思いとどまったことが
幾度もあった。しかもその被告を罰した法律が，ナチを真似て作った民族
浄化のための悪名高き，優生保護法だった。この法律の名の下で，ハンセ
ン病の患者は患者同志で結婚する時断種手術を受けさせられたりした。

　検事が正義感にかられて，この「男を女に変えるなどというとんでもない
ことをする不届きな医者」を懲らしめてやろうと思い至ったのだろう。そし
て医者を罰するために，何か法律はないか，と，六法全書の中を探しまわっ
て見つけたのがこの戦前の亡霊のような優生保護法だった。遺伝病でもな
いハンセン病や精神病の患者の去勢を正当化するために使われた法律であ
る。被告のＡ氏が患者を不幸にしたというのなら国が医者を罰するのは分

かる。だが患者だった被告は今のからだになって幸せだといった。検察側
は，不幸になった，手術を受けなかった方が良かった，今では後悔してい
るという元患者を，一人として証人に呼ぶことは出来なかった。患者の中に
は何人か男娼（ブルーボーイと呼ばれていたらしい）になったものもいるだろ
う。それでこの裁判に「ブルーボーイ事件」という名前がつけられたのだろ
う。四十年後の今，裁かれねばならぬのは，この優生保護法の方である。

　さて，裁判の方は，断然，被告有利だった。だが，検察は，被告が暴力
団に脅されて，わずかな麻薬を渡した数年前の事件を持ち出して，裁判官
の心証を悪くする作戦に切り替えて，有罪を勝ち取った。ああ！（なだ，
2010：2-3)

この事例では，問題は結局，「価値」に係わる。なぜなら，「利害」について
は疑問の余地がないから。性転換手術を受けた元患者（この裁判では，証人）は，
だれ一人として，手術を受けて後悔していない。それどころか非常に喜んでい
るのだから，「利害」に関して元患者は「利」と考えているわけだ。

　にもかかわらず検察側は，性転換手術は元患者を幸福にしない，と反論す
る。それが文中の「幸福問答」で，裁判での具体的なやり取りがおもしろい。
「幸福問答」は「価値」，つまりものの考え方・とらえ方に関する議論である。

　検事は，頭から「幸福」とはこういうものと決めてかかり，自分の考えにだ
け固執して，ひとつの価値観だけを一方的に元患者に押しつける。元患者本人
が幸せだと言っているにもかかわらず，検事は幸せではないと全否定してしま
う。元患者の思想の自由（基本的人権のひとつ！）は否定される。

　要するに「価値」をめぐる紛争であり，その実際のやり取りが興味深い裁判
をとおして，はっきりと現れている（さらには，時代によって価値観も変わると
いうことを教えてくれる裁判でもある）。

☞ 3-3　「社会契約」という考え方

こんどは，中学や高校で名前は聞いたことがあるはずの「社会契約」につい

て考えてみよう。

　周知のように，ホッブスは社会契約論の始祖で，彼が『人間論』や『リヴァイアサン』で展開するところをやさしく言いなおすなら次のようになるだろう。

　「自然状態の人間は生きて行くために，てんでに生まれつき備わっている生存権なるものを振り回す。つまり，人は人に対しておたがいにオオカミ同士なのであり，人生とは，万人の万人に対する戦争なのだ」

　いつだったか，テレビのトーク番組で，十七歳の少年が，「どうして人を殺してはいけないんですか」と発言して，大人たちが青くなったことがあった。「いけないからいけないのだ」と諭しても，同義反復であるから，まったく説得力がない。しかし，もしもそこにホッブスが出席していたら，少年の質問におそらくこう応じたはずだ。

　「きみはわたしをいつでも，自分の好きなときに殺していいんだよ。わたしを殺す自由が，きみにはあるのだ。同時に，わたしもきみを殺す自由がある。それが自然状態の人間の姿なのだね。しかし，いま，きみがわたしを殺そうとし，わたしがきみを殺そうとすれば，わたしが困るし，きみも困る。それどころか番組自体が成り立たなくなり，そのうちに，プロデューサーは台本の上がりが遅いライターを殺そうとし，ライターはわがままばかり言うスターを殺そうとし，スターは高いマネージ料を毟り取る事務所の社長を殺そうとし，社長はしょっちゅううるさいことを並べ立てるスターの母親を殺そうとし，あちこちで殺し合いが始まる。……そうなると，だれもが安心して生活できなくなる。他人を殺す自由を振り回すと，自分も生きて行くことができなくなるわけだね。この自己矛盾に気づいた人間は，契約によって，たがいにその自然権を譲り合うことにした。別にいえば，殺す権利を預けたわけだ。では，どこに預けたか。法律なるものをこしらえて，それに預けることにした。その法律もやわでは困るから，国家という強固なものを設立して，そこの預けることにした。したがって，きみは

わたしを殺してもよい。けれども，それは重大な契約違反だから，きみは
法律，すなわち国家から重罰を受けることになる。それでもいいのかね」

　少年が説得されなかったとしたら悲劇だが，いずれにせよ，ホッブスが
人間の自然状態を，「人は人にとってオオカミ同士であり，人生は万人の
万人に対する戦争である」と言ったことは記憶されてよい。こういう荒々
しい立場から優越理論や嘲笑理論が発明されたのだ。（井上，2019：156-
157）

　要点をいえば，人は社会のなかで生きる存在であり，「だれもが安心して生
活」できるための工夫が「社会契約」だということに尽きる。

　だからこうも言える。いくら人によって「利害」と「価値」が異なるとして
も，そこに全く何も共通するものがないというのではない。共通するものと
は，すなわちだれもが安心した暮らしを営める状態を確保することであり，そ
れが政治の働き・役割の大前提ということである。なにしろ「他人を殺す自由
を振り回すと，自分も生きて行くことができなくなる」だろう……。

　これは，たしかに政治というものが「人間が社会の中で統一的秩序をつく
り，社会全体を律しようという働き」である，ということを正確に示してい
る。

☞ 3-4　もしもこんな間違いがあなたを襲ったら……

　こんな事例は，どう考えたらいいだろうか。1924年10月ころの執筆と推測
される文章である。

　　僕が八歳の年の事だが，ある日学校生徒一同を集めて先生が僕を呼び出
　し，健次郎さん，あなたはかくかくの日にかくかくの場所でかくかくの人
　にかくかくの事をしたそうだ。不届きだから竹指箆の罰に処する〔罰とし
　て，竹製の「へら」でぶつ〕，膝を出しなさい，といってはや竹指箆を弓
　形に構えた。まるで覚もない事で，呆然としていると，生徒の中から誰や

らが声をかけて，先生違います，それは吉村健次郎さんの事でござります，というた。健次郎違いで僕は今些（すこし）で両膝に蚯蚓（みみず）ばれをこさえてもらうところだった。

　ある裁判官の話に，どんな良い裁判官でも，一生の中には二三人位無実の者を死刑に処する経験がない者はないというた。すでに先年も讃岐（さぬき）で何某（がし）という男が死刑に定（さだ）まって，もはや執行（しっこう）という場合に偶然な事からその同名異人であったことがわかり，当人は絞台（こうだい）〔罪人をのせて絞首（こうしゅ）するのに用いる台〕からすぐ娑婆（しゃば）へ無罪放免となったことがある。死刑は実に険呑（けんのん）〔あやういこと〕なものである（徳富，1976：38.〔　〕内は引用者による）。

確かにこういうことが誰の身にも降りかかり得る可能性は低いだろう。しかしその確率はゼロではないし，現にいまでも時としてニュースで報道されることがある。それにもちろん，「死刑」のような取り返しがつかない場合，多少の間違い（冤罪（えんざい）＝ぬれぎぬ）もやむを得ない，などと言ってのんきに済ませられる問題ではない。

　もう一度根本に返ろう。——政治学は「利害」と「価値」をめぐって生じる紛争を研究するのである。この事例でいえば，「利害」は死刑判決を受けた人の，生きるか・死ぬかに関わる問題だ。それだけでなく，そもそも死刑なるもの，また人の生命なるものをどう考えるかという「価値」にも関わる（基本的人権の尊重）。

　上に引いた文章には，次のような一節が続く。ある「思切って猛烈な罪人（おもいきってもうれつ）」が捕まった。しかし「それが心機一転して旧悪を悔い，以前の猛虎（もうこ）は羊のごとくなって絞台に上った。彼は昔の稲妻強盗（いなずま）ではない，〔…〕発心（ほっしん）した者を，何の必要があって，何の権理（けんり）があって死刑にするか。こんな場合に死刑はほとんど無意味である」（徳富，1976：39.）。

　もちろん被害者の遺族の感情などは，単純に片づく問題ではないだろう。一つの「正解」が存在するのかどうかもわからない。ただし世界の動向は，死刑廃止に向かっている。死刑全廃止国の数は，1980年に23カ国だったのが，

2018 年では 106 カ国。一方，死刑執行国は 20 カ国である（アムネスティ日本，2019）。

　政治学はこのような難しい問題にも関連してくる学問であり，どうしたら世界全体が，よりよい，より安心をもたらすものにできるかを問い続けていく学問でもある。その意味では，政治学は，いつもその時その場での，——いわば短期的な——「利害」と「価値」の対立を調停する役割をになう一方で，長期的に人間にとってなにがよりよい「利害」であり「価値」であるかを，果てしなく吟味し続ける役割を自らのうちにもつ。

　もっとも，《人間にとってなにがよりよい「利害」であり「価値」であるか》を吟味することは，必ずしも政治学だけに求められるものではない。少なくとも個人と自由とを尊ぶ民主主義的な社会にあっては，誰もが多かれ少なかれ「個人として」求められることである。

　たとえば「男女が権利の上で不平等であっていいのか」，「〈ヘイトスピーチ〉はなぜいけないのか」，「戦争を避けるにはどうすべきか」，「地震国日本における原発の利害得失を比較した場合，再稼働と廃止とどちらが適切なのか」，「格差問題をどうするのか」等々。そういう問題の山積する社会のなかに生きているあなたは，そしてわたしは，一体どう考え，どう生きていくのか，社会はどうあって欲しいのか。——まずは「自分の外の世界についての知識」がなくては，さてどうする，という疑問も考えも出てくるはずがないだろう。「政治的知性」の第一歩はその知識から始まるという所以である。

4 ｜ 情報・知識と政治

　以上からもわかるように，情報・知識とつきあう方法は，政治的知性にとってきわめて重要である。ことに現代社会では情報・知識が社会全体を大きく左右する。

　ここでそのいくつかの問題点を考える（以下の 4-1 と 4-2 は，主として加藤，1996：359-361 に拠りつつ，筆者による要約，加筆などを行った）。

☞ 4-1　情報・知識の伝達に関する問題

　第一に，知識の細分化。ことに科学技術的な領域で著しい大量の情報の獲得と蓄積は，専門家によって行われ，また専門家のみによって行われる。しかし，専門家の担当する領域はいよいよ細分化され，その細分化された領域に直接に係わらない人間との話は，いよいよ通じ難い。専門家の間においてさえもそうであるから，いわんや，一般市民にとって，専門家たちのもっている情報はほとんどまったく手の届かないものである。

　第二に，「マス・メディア」による情報の操作。新聞・雑誌・テレビに代表される「マス・メディア」は，確かに多くの情報を大衆に送り届ける。しかし，その情報の多くは，必ずしも大衆の福祉ではない目的——政治的・経済的など——のために選択され，操作された情報である。個人は情報の洪水の中に浸されていると感じながら，同時に何を読み，何を見，何を信じるかの選択に迷うだろう。

　それだけでなく，情報洪水は「古典」を押し流したのではないか。

　徳川時代のすべての知識人＝儒者は，『論語』を読んでいた。一方，こんにち高等教育を受けた西洋人の多くは『聖書』を知っている（英国人ならばシェイクスピアの文言の数々を）。

　ところが現代日本人には，『論語』や『聖書』のような共通の「古典」がない。そういう条件のもとでは，「価値観」の違う人々の間の対話を成立させるために，共通の前提を見いだすことは困難になる。いいかえると，「人間が社会の中で統一的秩序をつくり，社会全体を律しようという働き」を担う「政治」の，前提条件そのものが見いだしにくい，ということになる。

　しかしこう考えることもできるだろう。『論語』や『聖書』とは異なるが，日本人の共通の前提になる「価値観」・考え方の「古典」のようなものは存在すると。それがすなわち日本国憲法である。「基本的人権の尊重」「国民主権」「平和主義」という「価値観」を共通の前提として，そこから，またいつでもそこに戻って，議論を進めていくことができるし，またそうすべきであろう。

　なぜなら憲法とは，その国の「おきて」であり，国の構造・仕組み・価値観

を表現し，宣言したものに他ならないからである。

☞ 4-2　情報・知識に関する現代の課題

　以上から，現代日本の知的状況は，市民の側からみて，つぎの 3 点を要求している。1 つは，専門的情報の要点を手の届くものにすること。2 つは，現に提供されている情報を批判的に選ぶこと。3 つは，基礎的な知識を確かめること。

　これらの要求に応えようとすることが，まさに「現代的な課題」である。では，この要求に応える方法はなにか。それは知的・地理的・歴史的な遠近法をもって，すべての情報に対処するほかはあるまい。

　「知的体系」に対しては，基礎的な原理──たとえば「基本的人権の尊重」「国民主権」「平和主義」──に注意を集中する。

　「地理的」には，知識の範囲を日本国に最も厚く，ついでアジア近隣諸国に及ぼし，さいごにその外の全体に及ぼす。

　「歴史的」には，現代史の流れの中で，われわれ自身の立場をはっきりと定義し，その立場を守るのに一貫性を貴ぶということになるだろう。

5　政治学の効用

　ここまで本章を読んできて，政治学についてどんな印象を持っただろうか。中学高校での「イメージ」からすると，これが政治学？　と不思議に思った人もいたかもしれない。次の文章はその疑問へのひとつの解答である。

　「政治学を学ぶようになると，諸君はたくさん本を読み，かつたくさんの文章を書くことになるだろう。その点では，政治学は英語〔日本人ならば日本語〕や歴史学に似ている。幅広く読んだりエッセイを書いたりすることが嫌いだったり，もっとはっきりとした方向性をもった，ほとんどプログラム化された学習課程がお好みならば，諸君は政治学よりも経済学や心理学，地理学，あるいは法学のほうが向いているということになるだろう。政治学は，それを学

ぶ者に放浪する自由をたくさんあたえる。それは興味の尽きることのない，幅広く魅力にあふれる科目なのである」（Crick, 1987＝2003：22-23.〔　〕内は引用者による）。

　政治学者自身が述べていることだから，いくらか我田引水の気味があるかもしれない。しかしそれをさし引いても，この文章の言うことがある程度実感できたとすれば，たしかに政治学なるものの本質の一面に触れたことになるはずである。

引用・参考文献

「悩みのるつぼ」『朝日新聞』2011 年 12 月 3 日付朝刊

アムネスティ日本（2019）『最新の死刑統計（2018）』https://www.amnesty.or.jp/human-rights/topic/death_penalty/statistics.html（最終アクセス 2019 年 12 月 5 日）

井上ひさし（2019）『この人から受け継ぐもの』岩波書店

加藤周一（1996）『加藤周一著作集』第 16 巻，平凡社

高畠通敏（2012）『政治学への道案内』講談社学術文庫

徳富健次郎（1976）『謀叛論』岩波文庫

なだいなだ（2010）「人間，とりあえず主義・143」『ちくま』2010 年 8 月

Crick, Bernard & Tom（1987）*What is Politics?* London: Edward Arnold.（＝2003, 添谷有志・金田耕一訳『現代政治学入門』講談社学術文庫）

Olivier, De Tissot & Roger, Blachon（1988）*LE LIVRE DE TOUS LES FRANÇAIS*, (Collection Découverte Cadet) GALLIMARD.

第9章 経済学I
市場経済をいかに
理解するか

1 複雑な現象としての経済

　経済とは第一に，貨幣（おカネ）を媒介とした交換にかかわる事象である。われわれは日々の生活においてさまざまなモノを交換している。自動販売機で缶コーヒーを購入する。アルバイトを行って給与を得る。企業が5年後の増産のために，今年資金を投入して生産設備を拡張する。経済とはこうした日常的な営みに関連した現象である。

　こうした経済的交換それ自体は観察することができるが，どのような動機で，いかなる経済的計算に基づいて交換を行ったかはわからない。なぜ自動販売機のなかで缶コーヒーに120円支払ったのか。なぜその給与でアルバイトを行おうと決めたのか。なぜ企業は来年ではなく，今年生産設備の拡張に踏み切ったのか。そこでいかなる意思決定が行われているのかということは決して簡単な問題ではない。

　また，経済とはこうした交換によって構成されるシステム（体系）である。経済システムは経済的交換を行う無数の経済的主体の意思決定が相互に作用しあって構成されている。こうした個々の意思決定のあいだの相互関係は，分業が進むにつれてますます複雑になっている。また，経済システムは単なる個々の意思決定の総和ではない。経済システムにおいては，複雑な相互関係ゆえに，すべての経済主体にとって意図しなかった結果が生起するのである。経済とは複雑な現象なのだ。

2 経済人の仮定

　経済学では，複雑な経済現象を分析するために，現実を単純化したさまざまなモデルを用いる。経済現象のより本質的な側面を浮かび上がらせるために，現実を単純化する。そして，こうしたモデルを使って検証可能な仮説を立て，仮説を検証する。経済学で用いられるモデルを理解するためには，それぞれのモデルでどのようなことが前提とされているのかを知ることが重要である。そこで，以下では経済学のモデルで共通して前提とされていることを確認しておこう。

　まず第一に経済学のモデルで前提とされているのが資源の「稀少性（Scarcity）」である。稀少性とは，経済資源があらゆる欲求を満たすほど十分には存在していないということである。天然資源であれ，労働であれ，もし社会に存在する経済資源に限りがないのであれば，誰もがそれぞれ欲しいもののすべてを取捨選択することなく手に入れることができるだろう。その資源を使って誰が何を生産するのか，どのように使用するのかということが問題になるのは，資源が稀少だからにほかならない。

　資源が稀少であるということは，人々がトレードオフに直面しているということを意味している。換言すれば，人々はつねに「あれか，これか」という選択を迫られているということだ。映画を観に行けば，試験勉強する時間がなくなる。タンス預金をすれば，その資金を運用して収益を上げることはできない。タクシーで移動すれば楽だが，他の交通手段と比べてより多くのお金を支払わなければならない。つまり，何かを手に入れるためには，何かを代償にしなければならないのだ。すべてを享受することなどできないのであり，人々は選択をしなければならないということである。

　第二に，人間はインセンティブに反応するという仮定である。本来，人間の行動の背後にある動機は複雑である。正義感もあれば，嫉妬心もあり，共感もあれば，信仰心もある。しかし，経済学ではいかなる経済行動であれ，人々の

行動を支配するのは利害計算，損得勘定のような「インセンティブ（誘因）」であると考えている。人々は常に便益と費用の計算に基づいて選択を行っているということだ。

　第三に，人間は合理的に行動するという仮定である。合理的であるということは，必ずしもつねに正しい選択を行うことを意味するわけではない。合理的であるということは，与えられた条件のもとで，利害得失をよく検討したうえで自らの利益にもっとも適った選択をするということだ。

　もちろん，こうした仮定は人間の動機や意思決定を著しく単純化したものにすぎない。しかし，複雑な経済現象についてのさまざまなモデルは，こうした単純化によってはじめて組み立てることができるのである。

3　経済のフロー循環

　経済システム全体を見晴るかす眺望台は存在しない。そこで一国の経済状態などを把握するためには，しばしば国内総生産（GDP：Gross Domestic Product）や物価指数，失業率といった経済統計が利用される。しかし，経済統計を見ても，経済システムを理解したことにはならない。経済統計はいわば体温計のようなものであり，体温の高さを知ることはできても，体温が高い原因までは教えてくれないのだ。さまざまな経済統計は経済状態の有用な情報を与えてくれるが，それによって経済システムがどのように作用しているのかまでは理解できないのである。そこで，経済システム全体の見取り図が必要となる。

　図 9-1 は，「フロー循環図」と呼ばれるモデルである。フロー循環図は政府や外国との取引など多くのことが省略されてはいるものの，市場経済におけるお金および財・サービスのフロー（流れ）を理解するにはきわめて有用な見取り図である。

　フロー循環図において経済主体は家計と企業だけである。企業は，労働や資本（機械などの生産設備）などの生産要素を投入して財・サービスを生産する

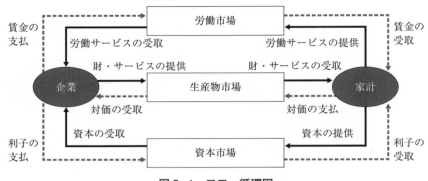

図9-1　フロー循環図

　ことによって利潤を最大化している。企業の生産した生産物を最終的に消費するのは家計である。家計は労働や資本を供給することによって収入を得て，効用（満足度）が最大になるように企業の生産する財・サービスを消費する。

　家計と企業が交換を行う市場は大別すると3種類ある。ひとつは，企業が生産した生産物を家計が購入する生産物市場である。企業が作った財・サービスを購入する，われわれが消費者としてもっとも馴染み深い市場である。もうひとつは，労働市場である。アルバイトをする，働くということは労働市場における交換である。そこでは，家計は労働サービスを企業に提供することで賃金を得て，企業は賃金を支払うことで生産に必要な労働サービスを獲得する。最後のひとつは資本市場であり，これは投資資金市場とも呼ばれている。家計は消費に支出しなかった所得を銀行に貯蓄する。銀行はその貯蓄を企業に貸し付ける。企業はその資金を使って生産に必要な資本設備を獲得する。すなわち，貯蓄もまた，家計と企業のあいだでの交換なのだ。こうして家計は労働市場と資本市場にそれぞれ労働サービスや資金を提供することで対価を得て，生産物市場で企業の生産した財・サービスを購入する。また，企業は労働市場と資本市場から労働サービスや資金を獲得して，それを使って生産を行い，利潤を得ているのである。

　実線の矢印は財・サービスの流れを，破線の矢印は貨幣の流れをそれぞれ表

している。すべて実線の矢印にはつねに逆向きの破線の矢印が書かれていることがわかる。これは財・サービスのフローには貨幣の支払いが生じるということにほかならない。生産物市場で家計が生産物を購入するとその価格に応じた支払いが生じる。労働市場では，提供された労働サービスに対して賃金が支払われる。また，われわれが銀行に貯蓄をすると利子を受け取るが，企業が銀行から資金を借りるときには利子を支払っているのである。

　ここで考えなければならないことは，フロー循環がどのように調整され，機能しているのだろうかということである。企業はどうやって家計が欲するだけの生産物を供給するのだろうか。また，家計はどうやって企業が必要とするだけの労働や資本を供給することができるのだろうか。これは考えてみれば不思議なことである。というのも，われわれの暮らす市場経済では，政府が調整役として計画を立て，それに従い資源が分配されるのではなく，需要や供給の決定は家計や企業の自由意志に委ねられているからだ。企業は自らの利潤を最大にするために，何をどれくらいどのように生産するのかを決めているのであり，また家計は自らの効用（満足度）が最大になるように，どれくらい働くのか，どれくらい消費するのかを決めているのである。市場経済において，どうしてこうした分権的な意思決定がうまく調整されるのだろうか。

　そのことを理解するために，次に価格の働きについて説明しておきたい。

④ 価格の働き

　市場では，交換が行われるモノには価格がついている。買い手は価格を支払ってモノを受け取り，売り手は価格を受け取りモノを手渡すのだ。この価格こそ，市場経済における資源の配分を調整する役割を果たしているのだ。

　そのことをあらわしたのが，図9-2の「需要供給曲線」である。

　需要・供給曲線は，価格が需要と供給の相互作用を通じてどのように決定されるのか，そして需要と供給が価格の変化を通していかに調整されるのかをあらわしている。縦軸に価格，横軸に数量がとられ，それぞれの価格に応じた需

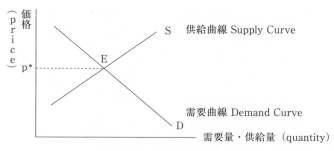

図9-2　「需要供給曲線」

要量と供給量の大きさが描かれている。需要量とは，各価格水準に対して買い
手が購入したいと考えている財・サービスの数量であり，こうした価格と需要
量の関係を示したグラフが需要曲線である。また，供給量とは各価格水準に対
して生産者が販売しようとしている財・サービスの数量であり，供給量と価格
の関係を示したグラフが供給曲線である。

　需要曲線を右下がりに描くことができるのはなぜだろうか。需要曲線が右下
がりであることは「需要の法則 Law of demand」と呼ばれ，他の条件を一定
とするとき，価格の上昇とともに需要量が減少するという性質をあらわしてい
る。このことはわれわれの経験に合致するものだが，ここではもう少し経済学
的な説明を加えておこう。

　価格の上昇は，買い手の需要に「代替効果」と「所得効果」が生じさせる。
「代替効果」とは，ある商品の価格が上昇することによって別の商品で代用さ
れるようになることで，需要量が減少するという効果である。たとえば，バタ
ーの価格が上昇すれば，それまでバターを好んで使っていた人のなかにも，相
対的に安くなったマーガリンで代用しようという人が出てくる。その結果，マ
ーガリンの需要量が増加する一方でバターの需要量は減少するのだ。

　他方，「所得効果」とは価格の上昇によって，その所得で購入できる量（購
買力）が減少したために需要量が減少するという効果である。たとえば，所得
が1,000円のとき，コーヒーの価格が1杯100円から200円に上昇すると，そ

れまでコーヒー10杯分だった所得はコーヒーの値上がりによってコーヒー5杯分となる。すなわち，その所得で購入できるコーヒー量が低下するのである。これは実質的に所得が減少したのと同じだ。コーヒー価格の上昇がコーヒー需要量を減少させるのはそのためである。需要曲線が右下がりであるとは，価格の上昇によって「代替効果」と「所得効果」が働くことを意味しているのだ。

　同じように，供給曲線が右上がりである理由も説明することができる。供給曲線が右上がりであるとは，価格が高くなるにつれて，商品の生産量・販売量が増加するということだ。ここでも2つ経済学的理由が考えられる。その理由のひとつは，価格の上昇によって既存の生産者の利益が高くなることである。生産の費用が変わらず，生産物の価格が高くなるなら単位あたりの利益は高くなる。その結果，生産者はそれまで以上に生産量を増やそうとするのである。もうひとつは，それまで別の商品を生産していた企業がその商品の生産に新規参入するために生産量・販売量が増加するという効果である。価格の上昇による利益は，既存の生産者の生産量を増加させるだけでなく，新規参入を通して生産者の数を増やす。その結果，生産物の価格の上昇によって生産量が増加するようになるのである。供給曲線が右上がりに描くことができるのは，こうした理由による。

　需要曲線が右下がりであり，供給曲線が右上がりであるならば，2つの曲線は必ず1点で交差することとなる。この交点Eを「均衡点」といい，均衡点に対応する価格を「均衡価格」，対応する数量を「均衡取引量」と呼ぶ。均衡とは釣り合いの取れた状態を意味する用語で，ここでは需要量と供給量がちょうど一致することを意味している。

5 均衡価格への収束

　市場経済では交換を通して，価格が最終的に均衡の水準に決定されるということが需要供給曲線のもっとも重要な含意である。もちろんある時点においては，市場価格が均衡価格より高い場合も低い場合もあるだろう。しかし，市場

をとりまく条件が変わらない限り，交換を続けていけば，おのずと価格は均衡価格に決まるということである。

　問題は，なぜそのように言えるのかということである。そのことを説明するために，価格が均衡価格よりも高い場合と，価格が均衡価格よりも低い場合，そして価格が均衡価格に等しい場合について考えてみよう。

　まずは，価格が均衡価格よりも高い場合である。

　価格が均衡価格よりも高いとき，需要よりも供給が大きくなる。すなわち価格 P_1 で生産・販売しようとする量が，その価格で購入しようとする量を上回っている状態である。実際に販売できる量は D_1 だけであり，$(S_1 - D_1)$ は購入されないまま売れ残りとなる。買い手はみな買いたいものを手に入れるが，一部の売り手は買い手を見つけることができずに売れ残りを抱えたままとなるのだ。

　このとき多くの売り手は，現在の価格のままでは生産した財・サービスを販売できない可能性が高い。実際に $(S_1 - D_1)$ だけは買い手が見つからないのである。彼らは買い手を見つけるにはもう少し安い価格で販売しなければならないだろう。こうして売り手には価格を下げるインセンティブが働く。他方，売れ残りの在庫がたくさんあるなか，買い手はわざわざ現在の価格でいそいで購入する必要はない。同一の財・サービスがより安い価格で販売されるのであれば，より安い価格で購入しようとするだろう。あるいは，値下げ交渉をするか

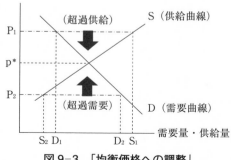

図9-3 「均衡価格への調整」

もしれない。すなわち，買い手にもより安い価格で購入しようとするインセンティブが働くのである。こうして，売り手にも買い手にもより安い価格で取引しようとするインセンティブが働くことによって，価格が徐々に下落していくこととなる。

　今度は，価格が均衡価格よりも低い場合を考えてみよう。このとき図 9-3 より明らかなように，需要が供給を上回っている。価格 P_2 においては，買い手が購入したいと考えられている量のほうが，売り手が生産・販売したいと思っている量よりも多いということだ。当然のことながら，購入できる量は生産・販売された量に限られるので，実際に購入できるのは S_2 だけである。（D_1 － S_1）は，買いたいけど売り手が見つからないために買うことができなかった量である。

　このとき，買い手は現在の価格のままでは財・サービスを購入できない可能性が高い。より高い価格を提示しないかぎり，その財・サービスを獲得できる見込みは小さいのだ。買い手にはより高い価格を支払うインセンティブが働くだろう。他方，売り手にとっては予想した以上に多くの需要がある状態である。その価格で急いで販売しなくても，より高い価格で購入してくれる買い手がいるならば値上げして販売するだろう。すなわち，売り手にとってもより高い価格で販売しようとするインセンティブが働くのだ。こうして，売り手と買い手双方により高い価格で取引しようとするインセンティブが働くのであれば，価格は徐々に上昇していく。

　最後に，価格が均衡価格に等しくなればどうなるのかを考えよう。価格が均衡価格に等しいとき，需要量と供給量が一致している。すなわち，このとき買い手はみな買いたいものを手に入れることができ，売り手もみな売れ残りを抱えることなくすべて販売できる状態だ。誰も行動を変更するインセンティブを持たないのである。価格が均衡価格に一致すれば，それ以上価格が変更される誘因は何も働かないのだ。

　このことから，市場経済において価格は均衡価格に一致する傾向を有しているといえる。なぜなら，価格が均衡価格から乖離すれば超過需要あるいは超過

供給が生じ，それが価格を均衡価格へと戻す力となり，価格が均衡価格に等しくなればそれ以上価格は変わらないからだ。このような働きによって，価格は需要と供給を一致させ，超過需要や超過供給を解消するのである。こうした価格の働きを「価格調整メカニズム」と呼ぶ。

6 ケインズの経済理論——不確実性に覆われた市場経済

　市場では，価格調整メカニズムによって均衡が実現するということは，経済学のもっとも基本的，かつもっとも重要な定理である。均衡においては，超過需要や超過供給は解消され，需要と供給は一致している。売れ残りが生じることも，買いたいのに買えない人もいないのである。

　こうした均衡理論は，市場経済を理解するうえできわめて重要であることは間違いない。市場経済において，同一の財・サービスがおおよそ同じ価格を付けていることはこうした価格の働きによって理解できるし，需要や供給の変化が価格にどのような影響を与えるかを理解することもできる。

　しかし，こうした価格の調整機能は，現実の市場経済においてどの程度働くのだろうか。先ほどのフロー循環図に戻り，労働市場，資本市場，生産物市場のすべてにおいて均衡が実現している場合を考えてみよう。生産物市場において均衡が実現するならば，企業は不良在庫を抱えることなく，生産したものはすべて需要される。また，労働市場が均衡状態にあるなら，（非自発的な）失業が生じることもないだろう。しかし，これはあまり現実的ではない。現実の市場経済では，しばしば経済危機や不況に陥るのであり，失業や不良在庫，遊休設備が大量に生じるからだ。

　価格の調整メカニズムは経済学のもっとも基本的な定理であるのに対して，現実の市場経済においてなぜ不均衡が生じ，しばしば失業などを生み出すのかについては，経済学のなかでもさまざまな見解がある。そのなかでも20世紀を代表する経済学者ジョン・メイナード・ケインズの見解はいまもなお重要である。ケインズは，1930年代の大不況のさなか『雇用・利子および貨幣の一

般理論』を著し，現在マクロ経済学と呼ばれている分野を切り開き，経済理論の歴史を塗り替えた。以下ではケインズの経済理論について，そのエッセンスだけを説明しておこう。

　ケインズ理論のもっとも中心にあるのは時間と不確実性である。経済活動の多くは時間のなかで行われている。企業が行う投資の決定はその典型である。企業は将来得られる収益を目的として現在時点で投資の決定を行う。また，消費者が自動車や住宅など，耐久性のある商品を購入するときにおいても，将来の家計の状態や経済状況を考慮して決定しているだろう。こうした事実は均衡理論において十分に検討されているとは言いがたい。ケインズがこのことを重視するのは，将来のことを考慮しなければならないとすれば，経済活動は本質的に不確実なものを含まなければならないからである。

　ケインズは不確実なものの例として，ヨーロッパに戦争が起こる見込みや20年後の銅貨の価格や利子，ある発明が廃棄されてしまう可能性などを挙げ，「これらの事柄に関して，何らかの確率を計算する科学的な根拠はまったくない。わたしたちはたんに知らないだけなのである。」(Keynes, 1937 = 1973：113-114) と述べた。ここでケインズが問題としているのは，将来に生起する事柄の内容や確率分布があらかじめ分かっているときの「リスク」とは異なり，将来何が起こるのかさえまったくわからない，もっと根本的な意味での不確実性である。そこでは，合理的な確率な計算などできないことは言うまでもない。ケインズが問題としたのは，こうした不確実性に覆われた市場経済の姿である。

　ケインズによれば，このような市場経済においては一国の経済活動の水準を決定するのは有効需要の大きさである。こうしたケインズの考えは「有効需要の原理」と呼ばれている。有効需要とは，大雑把に言えば，一国で人々が一年間に購買しようとしたものの価値額の総計である。具体的には消費者の年間の消費支出の合計，企業の投資の総計，それに政府の支出からなる。ここでは，有効需要の原理に立ち入って説明することはできないが，不確実性に関わるケインズ特有の認識について2点だけ述べておきたい。

　ひとつは，不確実性のなかで行われる意思決定についてである。

　ケインズは有効需要のなかでもとりわけ投資を重視した。投資はもっとも変動が激しく，景気の変動を引き起こすもっとも重要な要因とみなしたのだ。そして投資が激しく変動するのは，投資が将来の期待収益に左右されるからと考えた。

　ケインズは投資の期待収益について，「率直にいって，われわれはある鉄道，鉱山，繊維工場，特許薬品ののれん，大西洋定期船，ロンドンの市の建物などの十年後における収益を推定するにあたって，われわれの知識の基礎が殆ど無いか，ときにはまったく無であることを認めなければならない。」（Keynes, 1936 = 1983：147-148）と指摘する。それに続けてケインズは，われわれが遠い将来を見据えてなにか積極的な行動をするときには，数字で表せるような将来の収益の期待値をみて行動するのではなく，アニマル・スピリット，すなわち行動せずにいられないという内からこみ上げる衝動によってことを行う，と述べている。

　アニマル・スピリットとは，たんに気まぐれで非合理的な精神のことではない。ケインズは，不確かな将来に向けて行われる投資の決定には，「アニマル・スピリット」とでも呼ぶしかないような，合理的な計算では説明できないものが必要だと指摘しているのだ。アニマル・スピリットとは，合理的な収益の計算では拭い去ることのできない不安を乗り越える活動的な精神なのである。

　ケインズがアニマル・スピリットを論じたのは投資の決定についてである。アカロフとシラーは，市場経済を理解するためには，ケインズの「アニマル・スピリット」という概念をより広く捉える必要があると指摘している。アカロフとシラーによれば，市場経済の不安定性は，合理的な経済行動では決して説明がつかないのである。

　もうひとつは貨幣についてである。

　経済学では一般に貨幣を交換手段，すなわち交換を円滑にすすめるための媒体であるとみなしている。貨幣がいかに交換を円滑に進めているかということ

は，貨幣が存在しない場合にモノとモノとを交換することがいかに困難かを想起すればわかるだろう。というのも，モノとモノとを交換するには，一方が持っているモノを他方が欲しがり，他方が持っているモノを一方が欲しがらなければならない。お互いにそれぞれ欲しいモノをお互いに持っていなければ交換は成立しないのである。貨幣はこうした交換の困難を解決する手段なのだ。

　ケインズは，将来の不確実性が経済活動の本質的な問題であるとき，貨幣はたんなる交換手段としてではなく，将来不安のために貨幣それ自体が保有されると指摘する。

　ケインズはそのことを「流動性（liquidity）」という観点から説明している。流動性とは交換がどれほど容易に可能なのか，交換のしやすさをあらわす概念である。たとえば，貨幣を自動車のような商品に変えてしまうと，自動車はいつでも売り払って貨幣に戻せるわけではない。たとえ中古市場があるとしても，元の価格で売ることはできない。そのため自動車の流動性は低い。また，土地を購入して，資産として保有したとしても，土地もまたいつでも売ることができるわけではなく，元の価格で売ることのできる保証はない。それに対して貨幣の流動性はきわめて高い。貨幣には他の商品にはない一般的受容性があるからだ。

　こうして，ケインズは将来が不確実なときに貨幣が持つ特殊な性質を明らかにする。貨幣は財・サービスとは異なり，それ自体に何ら使用価値は存在しない。また，それは株式や土地の資産のように収益を生み出すわけではない。しかし，まさにそれゆえに貨幣はもっとも高い流動性を持つというのである。そして，人々は将来何が起きるかわからない不安があるときに，貨幣を貨幣として保有するのだ。

　このことは何を意味しているのだろうか。もし，人々が手にした所得の一部を貨幣としてとっておくならば，本来，モノとの交換によって流通するはずだった貨幣が，この流通から引き上げられることになる。つまり，モノと交換されるために流通する貨幣量は減少するのだ。貨幣は貨幣として保有され，財・サービスの購買には使用されなくなるのである。こうして有効需要が減少する

ことによって，やがて経済は収縮する。有効需要の減少によって，企業は生産しても売れないために生産を縮小するのである。

　ケインズの市場経済に対する認識は，先ほどの均衡理論とは大きく異なっている。均衡理論では，価格は超過需要と超過供給を解消するように決まり，一度均衡に落ち着くと市場経済にはそれ以上変動する要因は生じない。それに対して，ケインズは市場経済を不確実性に覆われたものとして，均衡に落ち着くことなく，将来に対する楽観と悲観のあいだで揺れ動く不安定なものとして描いたのである。

7 | 経済のビジョン

　複雑な市場経済を理解するために，何が必要だろうか。

　経済学は社会科学のなかでももっとも体系的な分野である。わかりやすいテキストも数多く出版され，そこでは需要供給曲線のようなモデルによって，市場経済における資源配分や価格の働きについて系統的に理解することできるようになっている。こうした経済理論を学ぶこと自体は重要だ。

　しかし，同時に，こうしたモデルは市場経済についての唯一の説明ではなく，市場経済に対するひとつの解釈であることは忘れてはならない。ケインズと同時代を生きたシュンペーターは大著『経済分析の歴史』で，経済理論には「分析」と「ビジョン」とが分かちがたく結びついていることを指摘している。ビジョンとは分析に先立つ「前分析的認知活動」（Schumpeter, 1954 = 2005：42）であり，市場経済に対する分析以前の解釈である。市場経済をモデルによって分析的に理解することも必要だが，もっと重要なことはこうした分析の背後にあるビジョンを理解することである。現実の市場経済が大きく変わろうとするなかで，必要とされていることは変化を見通すビジョンなのだ。

参考文献
佐伯啓思（2012）『経済学の犯罪—稀少性の経済から過剰性の経済へ』講談社現代新書

松原隆一郎（2005）『経済思想』新世社

松原隆一郎（2009）『経済学の名著30』ちくま新書

吉川洋（2009）『いまこそ，ケインズとシュンペーターに学べ——有効需要とイノベーションの経済学』ダイヤモンド社

Akerlof, George A. & Robert J. Shiler, (2009) *ANIMAL SPIRITS: How Human Psychology Drives the Economy, and Why It Matters for Global Capitalism*；Princeton University Press. (＝2009 山形浩生訳『アニマルスピリット——人間の心理がマクロ経済を動かす』東洋経済新報社)

Keynes, John Maynard（1936）*The General Theory of Employment, Interest and Money*. (＝1983, 塩野谷祐一訳『雇用・利子および貨幣の一般理論』東洋経済新報社)

Keynes, John Maynard（1937）"The General Theory of Employment," *The Quarterly Journal of Economics*, 51（2）: 209-223. (＝1973 in The *Collected Writings of J. M. Keynes*, Vol. 14, London: The Royal Economic Society)

Schumpeter, Joseph Alois（1954）*History of Economic Analysis*. (＝2005, 東畑精一訳『経済分析の歴史』岩波書店)

第 10 章　経済学 II

暮らしとしての経済

1　暮らしとしての経済を考える

　現在，私たちは，貨幣を媒介とする市場のメカニズムを舞台としたところで経済活動を行っている。生活に必要な「食」，「衣」，「住」から始まり，アルバイトでの給与，交通機関を利用する権利，そして映画の鑑賞にいたるまで，あらゆるものが市場における貨幣との交換によって成り立っている。「市場」とは，様々な物の交換を行う場のことを意味するが，現在では，その交換の対象は単なる生産物に限らない。例えば，現在では，上述のようなサービスを利用する権利であったり，自国の貨幣と外国の貨幣を交換する為替であったり，会社の株式であったりと，あらゆるものが市場でやりとりされている。このように，市場を舞台としたところで行われる交換の経済が社会全体の現象として現れていることを，一般的に，「市場経済」と呼ぶ。したがって，私たちが生活している社会は，市場経済を基盤としたところで成り立っていると言える。

　しかし，私たちの暮らしや生活を支える経済は，市場経済や市場経済の論理だけで形作られるものなのだろうか。人類の歴史的な活動の中から見れば，市場経済という経済的な現象は，人々の暮らしや生活を支えるひとつの側面であることがわかる。そして，そこでは，生命を維持・再生産するために行う生産活動から生じる人間と自然との関係や，共同組織と分配の仕組み，社会に固有な文化や価値規範によって付与される，交換の社会的な意味など，市場経済の論理だけでは説明がつかない様々な経済活動が行われている。そして，これらの活動は，現在の私たちの暮らしの中においても，確かな意味を持ったものと

して活かされている。この章では，そうした「生活の営み」に深く関係する経済活動を概観し，再び，市場経済にもどってみよう。

2 経済のはじまり

　経済とは，人間が生きるための物質的な欲求充足をいかにして満たすかということを前提に行われる行為である。そして，それらの活動は，生産・分配・交換・消費という諸活動から構成されている。なかでも，「生産」という活動は，人間が生活を営むうえで行われる最初の経済活動であると言ってもよいだろう。生産とは，人間の生活に必要なものを作り出すことを意味する合目的な活動を指している。したがって，最終的には消費すること，すなわち，何らかの形で使用してしまうこと，あるいは利用してしまうことを目的とする。そして，人間の経済的な活動がいつ頃から始まったのかは定かではないが，少なくとも，意思決定が介在する生産的な活動は，人類の歴史と共にある。

　例えば，原始や古代の時代には，上述の生産・分配・消費が組織だって行われる社会が形成されている。野生の木の実を採集したり，野生の動物を狩猟したりする狩猟・採集の社会は，その最初の社会だと考えられている。そして，ここにおける生産活動は，お互いの協力のもとで行われている。なぜならば，この時代においては，個人の力だけで生活に必要な物質的な欲求充足を満たすことは，困難であったからである。つまり，この時代，人々は自然の恵みを純粋に享受する一方で，自然の猛威にも怯える暮らしを営んでいた。そうした中，人々は自然と協力しあい，家族・集団，社会を形成する。したがって，狩猟・採集の社会とは，言い換えれば，歴史的に初めて形成された生産組織のひとつであるとも言える。

　あるひとつの目的をもった生産を行う場合に，お互いに協力して生産活動を行うことを「協業」と呼ぶが，他方で，作業工程における役割分担が生産活動の参加者にはっきりと与えられている方が，生産性はより上昇するだろう。例えば，上述の狩猟・採集を例にとってみれば，生産活動の参加者全員が一度に

投石をして鹿を狩るよりも，鹿を逃げ場のない場所に追い込む者，投石のタイミングを図って合図をする者，最終的に投石を行い，鹿を狩る者といったように，生産の目的を達成するための過程で各々の役割が与えられていた方が，その生産の効率性は上昇する。このような，いくつかの異なる作業がひとつの目的を達成するような生産の仕方を，「分業」と呼ぶ。

　他方で，協業と分業によって生産の効率性が上昇すれば，その分だけ消費する生産物も増大する。そしてその成果は，生産に参加した者たち，あるいは，社会生活を営む集団内や家族内で分け与えられる。このような活動を「分配」と呼ぶ。したがって，経済の基本的な成り立ちは，生産し，分配し，消費するという過程が繰り返し行われることによって成り立っている。

③ 家政の経済——共同組織と分配構造

　各々の協力によって，生産・分配・消費という経済活動が相互に連関し，組織的に行われるところにおいては，ある一定の集団組織，すなわち社会が形成される。したがって，そこで行われる人々の経済活動は，しだいに，安定的に統一された社会のルールに依拠する形でも行われるようになる。例えば，その地域や空間において独自に形成された文化や宗教，価値規範，慣習などは，そうした社会のルールを構成する一要素となる。このような理由から，狩猟・採集社会の次に注目する社会は，生活のシステムや社会構造を変化させ，文明を開化させていった農耕社会である。

　農耕社会においては，自然の恵みを直接的に獲得する狩猟・採集の社会から，自然を田畑に改変し，そこで穀物や野菜を栽培するという生産方法が一般化してくる。したがって，そこで形成される生産組織も，これまでとは異なる仕方で組織されることとなる。つまり，農耕社会においては，その土地に定住するという形で経済活動を行うため，動物や果実を追い求めて移動を繰り返していた狩猟・採集の社会とは，また異なる形での生産組織が形成される。なかでも，「家」を中心とする「自給自足」の生産組織は，その特徴のひとつであ

ろう。例えば，紀元前 7～8 世紀頃の古代ギリシアの農耕社会では，奴隷も含めた「家」を経済的な単位のひとつとみなし，この「家」の維持・再生産を目的とする経済活動を行っていた。つまり，田畑から得られる生産物を「家」の内部で分配し，消費するという構造である。このことは，古代ギリシアの哲学者であったアリストテレスに従えば，「家政術」と呼ばれるものであるが，今日のエコノミーの語源ともなっている[1]。さらに，野生の動物や野生の果実とは異なり，穀物やイモ類などを主食とするような農耕社会においては，それらの生産物が比較的腐りにくく，蔵などで貯蔵することが可能となる。ここにおいて，「貯蓄」という概念が登場し，経済的な「豊かさ」や「富」，「財産」といった考え方も広く浸透することとなる。次には，家政術の内容をみていく。

　「家政」とは，辞書的な意味においては，「一家の生活にかかわる様々な事柄を処理し，治めること」と定義されており，特に現在の日本では，女性が行う家事労働などの意味で使われることが多い。しかし，家政の本質的な意味は，生産・分配・消費という経済活動の循環の中で，家族のメンバー全員が飢えに苦しむことなく健全な生活を送れることを意味している。再び，古代ギリシアの農耕社会を例にとってみれば，家の維持・再生産に必要な財産管理は，妻ではなく家長が担っていた。そして，生産・分配・消費を行う基本的な仕組みは，上述でも指摘したように，家の周りに広がる農場から得られる生産物で賄うというものである。ギリシア語でこのことを「アウタルキー」と呼ぶが，この用語は，いわゆる「自給自足」の経済構造を意味している。具体的には，紀元前 4 世紀頃のギリシアのアテネにおいては，主に小麦や大麦，葡萄，オリーブ，イチジクなどを栽培し，その他にも羊などの家畜も飼育していた。

　このように見てみると，古代ギリシアの家政術においては，生産・分配・消費が家族内で自己完結するような経済構造を有している。しかし，地理的な環境条件などによる自然の制約や人口の増加によって，家族のメンバー全員を養う分だけの農業生産を行えない場合，家政術はどのような方法をとるのだろうか。この不足の事態に登場してくるものが，「交換」という経済活動である。例えば，紀元前 4 世紀頃のアテネでは，不足分を補うために，黒海沿岸にひろ

がる植民都市から，都市国家であるアテネに向けて輸入を行っていた。したがって，そこでは交換の場である「市場」が発達し，経済的な取引もこれと同時に活発化していくこととなる。そして，現在における需要・供給の価格メカニズムの仕組みは，原理的にはこのときに出来上がっていった。

　他方，植民都市から輸入された不足分を，都市国家（ポリス）の内部において市民に分配する際にも，価格を媒介とする市場の仕組みは利用される。しかし，ここでの市場の仕組みは，上述におけるような需要・供給の価格メカニズムとは，また異なる仕組みを持っている。つまり，古代ギリシアの社会においては，経済活動の最終的な目的は，「家」の維持・再生産であった。そして，古代ギリシアの社会全体も，このような家々の集合体として構成されているため，そこで生活する市民が飢えに苦しむことは，社会全体の家政術に関わる問題となる。したがって，不足分における分配も，各々の家における物質的な欲求充足が十分に満たされる形で行われていた。例えば，「メディムノス当たり5ドラクメ」と固定的に定められた公正価格の制度は，市場のルールのひとつとして，慣習的に取り決められている。そして，この取り決めは，アテネ社会全体がひとつの共同体（コイノニア）であるという社会規範のもと，制度化されている。つまり，ポリス内部の市場で交換される貨幣と生産物の交換比率，すなわち「価格」は，社会全体の家政を維持していくような形で取り決められ，アテネ社会全体の物質的な欲求充足を満たすためのツールとして役立っていた。このように，アテネ社会の人々にとっては，交換は家政術の中のひとつとして捉えられている。

　他方，アテネ社会においては，市場から離れた経済生活の中でも，上述のような交換を行う場合が日常的であった。そして，交換当事者間における相互的な給付という意味を持つ，この交換の形態を「互酬」と呼ぶ。言い換えれば，互酬とは，現代でいうところの「ギブ＆テイク」という意味内容を含意したものである。したがって，ここでは，お互いの物質的な欲求充足を満たすだけでなく，交換による人と人との結びつきや信頼関係を促すというような役割も，また同時に担っている。

4 　贈与──取引の背後に潜むもの

　ある一定の文化体系や価値規範が形成されている社会においては，交換は単なる物質的な物の移動としてのみ把握されるものではない。そこではむしろ，物の移動を通じた人と人との結びつきや，信頼関係が育まれるという側面も存在する。そして，経済学的には，交換による人と人との結びつきや信頼関係の構築は，社会における「取引関係」や「契約関係」を準備する重要な手続きのひとつでもある。したがって，次には，このことを哲学的に論じたマルセル・モースの『贈与論』をみていきたい。マルセル・モース（1872〜1950 年）は，フランスの社会学者・人類学者として活躍した人物である。そして，彼の代表的な研究におけるテーマは，「近代的な取引の背後に潜む原理は何であるか」というものであった。モースの『贈与論』は，このような問題意識をもとに書かれている。

　「贈与」とは，一般的に，無償で相手に贈り物をすることを意味している。したがって，通常であれば，贈り物をした相手に対価を求めることは，正当な権利として認められていない。しかし，モースによれば，「与える」という行為を行ってはじめて，他者とのつながりが形作られる。例えばモースは，『贈与論』の冒頭の箇所で，スカンディナビアにおける古代神話伝説詩『エッダ』を引用しながら，このことを説明している。以下の引用は，『エッダ』の中の数節である。

　　「あまりにも気前がよく鷹揚なので
　　　客をもてなす上で『贈り物を受け取らない』
　　　そんな人をまだ見たことがない。
　　　自分の財産にあまりにも（形容詞欠如）なので
　　　返礼を受け取るのを不愉快に感じる
　　　そんな人をまだ見たことがない。

友は互いに武器と衣装を贈って

相手を喜ばせなければならない。

誰でも自ずから（自分の経験によって）それを知っている。

互いに贈り物をし合う友同士が

いちばん長続きする。

物事がうまく行くならば」（モース，2009：9-10）

　つまり，全く異なる集団同士が接触する際，人々は相手の集団に対して不安と緊張を持って接し，時には，敵意をむき出しにすることもまれではない。そして，このような集団間の心理状況下においては，戦争と略奪が，物質的な欲求充足を満たす手段のひとつとして用いられていた。したがって，自分たちと異なる集団に対しては，あらゆる道徳的な権利が存在しなかった。しかし，人々は，血によって支払われるような欲求充足を繰り返す中で，平和的な物の移動関係，すなわち，贈与の体系を生みだした，ということである。

　このように，相手に「与える」という行為は，第一に，無条件に戦争や略奪を回避する有効な手段としても機能する。そして，第二に，「与える」という行為は，それが集団間であれ個人間であれ，自己と他者とのつながりをお互いに自覚できる形で具体化する。モースは，このような贈与の体系を，「与え，受け取り，返礼する義務のシステム」と位置づけ，社会全体における物のやりとりを，義務化されたやりとりであると捉え直した[2]。つまり，交換における物のやりとりは，まず相手に与えなければならず，そして受け取り手は受け取らなければならず，最後に，受け取り手はお返ししなければならないという義務のシステムで成り立っている。しかし，ここで重要なことは，物のやりとりを相互に行うことは，お互いの人格もやりとりしていることに他ならないとモースが指摘した点にある。このことは，「物の魂」とも呼ばれるものでもあるが，贈り手が贈る物には，贈り手の人格が宿っている。したがって，受け取り手は，贈られた物を物質的に享受する一方で，贈り手の人格も受け取っていることとなる。例えば，贈り手が贈る物には，贈り手が生産に費やした労苦や，

その土地ならではの風土が込められている。言い換えれば，贈られる物には，贈り手の個性が反映されているのである。そして，受け取り手は，そうした贈り物を受け取ることによって，贈り手の個性さえも同時に受け取ることとなる。例えば，現在でも，フェアトレードにおけるような生産物の取引では，生産者と消費者の間における「顔の見える関係」が，販売と購買を通じて構築されている。ここでは，フェアトレードというひとつの制度的な状況を通じて，消費者は作り手の個性を直接的に受け取っている。

　　「要するに，それは様々なものの混淆である。魂は物の中に混入し，物は魂の中に混入する。生命と生命が混淆する。このように人間と物が混淆し，人間と物はそれぞれの場所から出て互いに混じり合う。これがまさに契約と交換なのである」（モース，2009：70）

　そして，とりわけ，このような贈り物を介した人と人との結びつきは，交換当事者間の信頼関係を作り出す。例えば，現在の日本でも行われている隣人同士の「おすそ分け」といった日常生活における慣習的な行動や，季節ごとの「お歳暮」，祭事における贈答品のやりとりなどは，人々の結びつきや信頼関係を構築する典型的な贈与行為でもある。私たちは，これらの贈与を行うことによって，お互いの信頼関係や結びつきを目に見える形で具体化している。さらに言えば，社会における制度的な契約関係や取引関係の構築も，原初的には贈与の体系をベースとしていると言えるだろう。

5 　価格メカニズムの成り立ちと基本原理

☞ 5-1　商品世界と貨幣

　前述でも指摘したように，古代ギリシアにおける貿易体制を始まりに，需要・供給の価格メカニズムは，原理的には出来上がっていった。「価格メカニズム」とは，生産された財やサービスの配分を価格によって行う仕組みのこと

を意味している。そして，現在の私たちの生活の大部分は，この価格メカニズムに依存する形で成り立っている。次には，価格メカニズムの成り立ちをみていきたい。

　現在，私たちが暮らす社会は，貨幣を媒介とする交換の経済のうえで成り立っている。そして，この交換の体系は，市場を舞台とする価格メカニズムの法則性によって方向付けられている。他方，このような経済的な現象，すなわち市場経済は，19世紀以降の西ヨーロッパの社会において，全面的に展開された。そして，このことは，言い換えれば，「商品世界」の拡大とも言い換えることができる。例えば，価格メカニズムがその仕組みを維持するためには，質的に異なる生産物同士の交換も，客観的に「等価」であることが要求される。ここで，リンゴと鉛筆を例にとってみれば，以下のようになるだろう。

　　「リンゴ1個（300円）は，鉛筆3本（300円）に値する」

　　「リンゴ1個（300円）＝鉛筆3本（300円）」

　ここでは，自然の中で栽培された落葉の樹木から獲得される果実と，地中から削り出された黒鉛と木材で加工された製品とが，等価で結ばれている。本来ならば，リンゴと鉛筆は，質的にも，生産過程においても，異なるものである。しかし，市場で売買を行う人々にとっては，この両者は，どちらも同じ「商品」であるという認識のもと，価格と生産物を比較しながら，売買を行っている。つまり，第一に，価格メカニズムが成り立つためには，市場に出回る生産物が，全て同じ「商品」としてカテゴライズされていなければならない。そして，第二に，この商品の価値を目に見える形で数値化する役割を持つものが，貨幣である。したがって，貨幣には，交換を円滑に進めるために，あらゆる商品に値札付けを行う「価値標準化」という機能が備わっている。前述でも指摘したように，「価格」とは，客観的には貨幣と生産物の交換比率を意味するが，しかし，その内実をよく考察してみれば，貨幣による商品の価値化，ひ

いては生産物の画一化という事態を生みだしている。

　このように，価格メカニズムの成り立ちには，あらゆる生産物が「商品」として カテゴライズされることを必要とする。さらに，現在では，私たちの労働そのものも，時間単位で切り売りするものとして商品化されている。例えば，時給が1,000円といった賃金労働の形態も，私たちの1時間分の労働力を商品化し，貨幣でその価値を表したものであると言える。その他にも，ホテルでの宿泊や美容室での散髪といったサービスに関しても，市場のうえでは商品化されている。

☞ 5-2　選択行為と経済的な合理性

　価格による生産物やサービスの画一化は，私たちの経済活動をよりスムーズに行うためには，効果的な機能であるといえる。つまり，あらゆる生産物やサービスが「商品」としてカテゴライズされているからこそ，私たちの消費行動から企業における機械設備の投資にいたるまで，それらを価格との関係で比較し，選択することが可能となる。例えば，1930年代に活躍したイギリスの経済学者ライオネル・ロビンズは，経済学を次のように定義している。経済学とは，「代替的用途をもつ希少な手段と，目的との間にある関係性としての人間行動を研究する科学である」（ロビンズ，2016：17）。ロビンズのこの定義は，経済学における「選択の理論」とも呼ばれるものであるが，私たちの消費活動や企業の投資活動は常に，この選択の行動に迫られている。例えば，ブティックで目当ての洋服を買う場合，お金を払えばその洋服は買えるだろう。しかし，その一方では，手元からお金が離れていき，他の何かを買える可能性はなくなってしまう。このような，何か得れば何かを捨てざるを得ない状況のことを「トレード・オフ」と言い，私たちは消費活動を行う時，どちらかを必ず選択しなければならない。そして，その判断の基準は，消費を行うさいの自身の満足度である「効用」と，かかる費用である価格との関係によって決定される。もちろん，この場合，私たちは，費やした費用分の効用が得られないと判断すれば，目当ての商品を購買することをあきらめる。そして，このような分

析・判断は，私たち消費者に限らず，生産活動を行う企業における投資行動な
どにも反映されている。したがって，市場経済における私たちの経済活動は，
いうなれば各々の経済主体における「損得勘定」を動機とした，費用と便益に
関する計算的な合理性に依存している。そして，個人主義的に，このような経
済活動を行う主体を「経済人（ホモ・エコノミクス）」と呼ぶ。

☞ 5-3　需要・供給の価格メカニズム

　上述のように，市場経済における私たちの経済活動は，価格に左右される形
で展開していく。では，この価格は，原理的にはどのように決定されるのだろ
うか。以下では，価格決定のメカニズムについてみていきたい。

　市場経済における経済主体は，「家計」，「企業」，「政府」の3者に分類され
る。「家計」とは，消費の主体としての「買い手」であると同時に労働力の供
給者でもあるとされる，2つの側面を持った経済主体のことを意味する。そし
て，「企業」とは，原料や材料，道具や機械，設備，そして労働力などの生産
要素を用いて製品を生産し，販売することによって利益を獲得する「売り手」
としての経済主体を意味する。価格決定のメカニズムにおいて登場する経済主
体は，買い手としての立場をとる家計，すなわち「需要者」と，売り手として
の立場をとる企業，すなわち「供給者」の2者である。この2つの経済主体の
相互的な作用によって，価格はひとつの水準に均衡してくるような傾向を持
つ。つまり，市場経済における価格メカニズムとは，需要と供給の相互作用に
よって価格が均衡する仕組みのことを表している。そして，最後の「政府」
は，家計や企業が引き起こす市場経済の歪みを調整する役割を持つのである
が，「政府」の役割に関してはここでは扱わず，また別の機会に期待したい。

　前述でも指摘したように，この家計も企業も，損得勘定を動機とする経済的
な合理性によって活動を行っている。したがって，家計に関しては，できるだ
け安い価格で効用を得たいと考え，その一方，企業に関しては，できるだけ高
い値段で製品を売り，利益を得たいと考える。例えば，全く同じキャベツで
も，1玉1,000円と書かれたキャベツと1玉100円と書かれていたキャベツが

売られていたら，消費者はどちらのキャベツを買うだろうか。おそらく，全く同じキャベツであるならば，消費者の大部分は，1 玉 100 円のキャベツを選択するだろう。したがって，キャベツの需要量はその分だけ大きくなる。他方で，1 玉 1,000 円のキャベツの方の需要量は，その分だけ小さくなる。そして，今度は供給者側の方に目を向けてみれば，1 玉 1,000 円という値段でキャベツが売れれば，収穫にかかる労働力などの生産費を差し引いても十分な利益がでるため，できるだけ多く収穫し，供給したいと考えるだろう。他方で，1 玉 100 円のキャベツであれば，利益は 1 玉 1,000 円のキャベツと比較した場合少なくなるため，その分だけ供給量は少なくなり，収穫にかかる生産費も減少するだろう。このことを，価格と需要量，あるいは供給量の関係として関数のグラフで表したものが，第 9 章における図 9-2 の「需要供給曲線」である。したがって，需要曲線は右下がり，供給曲線は右上がりというグラフができあがる。

　しかし，上述の例においては，1 玉 1,000 円のキャベツを大量に供給したとしても，買い手側の消費者における需要量は，供給量に見合った分だけの需要量を満たしていない。この差は「売れ残り」を意味し，経済学的には「超過供給」と呼ばれるものである。そして，売り手はこのとき，損をしないため，売れ残りをおそれて価格を下げるという行動に転換する。さらに言えば，数ある農家の中の一人が価格を下げれば，他の農家のキャベツが相対的に高くなるため，他の農家も同じ水準で価格を下げざるを得なくなるだろう。このような形で，超過供給が生じた場合には，供給者同士の競争も影響しながら，価格は徐々に下落していく傾向にある。

　他方，今度は 1 玉 100 円のキャベツに対して買い手が殺到した場合，その需要量に見合う分だけの供給量は，売り手側から提供されていない。この差を，経済学的には「超過需要」と呼ぶ。このことは，「買いもれ」が生じている状態を意味するが，この場合には価格はどのように変化するだろうか。「買いもれ」の状態においては，言い換えれば，需要者側は買いたくても売り切れているため買えない状態にあるのであるから，価格が高くてもキャベツを手に入れ

ようとする動機が働くだろう。したがって，売り手にとっては，価格を安いままで販売する必要がなく，値段を上げてキャベツを売るという行動に転換する。そして，ここでもまた同様に，他の需要者がさらに高い価格を提示すれば，キャベツの値段は提示された額で販売されるだろう。ここでは，オークションにおける競りのような形で需要者間の競争が生じることとなる。そして，需要者間における競争の影響も受けながら，価格は徐々に上昇していく。

　このように，価格が高すぎたり，また逆に低すぎたりする場合には，需要と供給は一致しない。しかし，そのさいに生じる超過供給と超過需要は，価格の変化とともに調整される。そして，この調整作用によって需要と供給が一致し，超過供給も超過需要もないときの価格を「均衡価格」と呼ぶ。この「均衡価格」は，第９章の図9-2における需要曲線と供給曲線の2つの曲線が交わる交点Eによって示される。

　以上のように，価格による不均衡の調整は，需要と供給の相互作用によって，あたかも自動的に調整される仕組みとなっている。そして，市場における価格が均衡価格にある場合においては，全ての需要者は欲しい分だけ手に入れることができ，全ての供給者は売りたい分だけ売れているという状態を意味している。つまり，均衡価格における価格は，市場経済における価格メカニズムによって，資源が最適に分配されていることを意味している。

6 市場経済の相対化

　これまで，原始・古代の社会から現在の市場経済にいたるまで，私たちの経済の仕組みを概観してきた。そして，ここでひとつ浮かんでくることは，私たちが暮らす社会における市場経済とは，人間が行う経済活動の一側面であるということである。現在でも，価格を問題としない互酬や贈与のような意味を持つ物やサービスのやり取りは，日本の農村やラテンアメリカ，インド，アフリカなど様々な地域で行われている。そして，こうしたやり取りは，私たちの経済生活を精神的にも物質的にも下支えするものとして，確かな意味を持ってい

る。経済とは，価格メカニズムのみに依存するものではなく，より豊かで多義
的な意味を持つ，私たちの暮らしの体系そのものを表していると言えるだろ
う。

▌注

1）「家政」と訳されるギリシア語の「オイコノミアー」は，今日のエコノミーの語源とな
　　っている。
2）したがって，返礼を行わないことは債務を負うことを意味する。

参考文献

アリストテレス著，神崎繁・相澤康隆・瀬口昌弘訳（2018）『アリストテレス全集
　　17』岩波書店
ロビンズ，ライオネル著，小峯敦・大槻忠史訳（2016）『経済学の本質と意義』京都
　　大学学術出版会
モース，マルセル著，吉田禎吾・江川純一訳（2009）『贈与論』ちくま学芸文庫

第 11 章　法学 I

決まりを考え，知る

1　決まりを考えること

☞　1−1　抽選見合い結婚法の制定

「抽選見合い結婚法が，来年 4 月 1 日より施行されることが決まった。対象は 25 歳から 35 歳までの男女で，前科や離婚歴がなく，子供のいない独身者である。抽選方法は，本人の年齢プラスマイナス 5 歳の範囲内で無作為とされている。

　相手が気に入らなければ，2 人までは断ることができる。しかし，どうしても気に入らずに 3 人断った場合は，テロ対策活動後方支援隊（通称テロ撲滅隊）に 2 年間従事しなければならない。除隊後の職場復帰は政府により保障されている。除隊者を不当に扱った場合は，経営者が罰せられるうえに，法人税が 2 割増しになるという徹底ぶりだ。尚，断られる側に人数制限はない。

　政府は，同法を制定した目的を少子化の最大原因とされる晩婚化を打開するためと発表している。しかし，その裏には，アメリカをはじめとする諸外国の圧力に抗しきれず，対テロ支援対策国家として，軍隊を出動せざるを得なくなった事情が見え隠れする。さらに，自衛隊と別の組織を作ったのは，憲法に抵触しているのではないかという野党からの攻撃をかわすためという話もある。

　名目上は，世界平和に貢献するためとしているし，支援隊といえば，武器をもたない素人集団のように聞こえるが，内容はまさに軍隊という噂である。」
【週刊毎朝・10 月 5 日号】

　このような報道を聞いたら，みなさんはどう思うだろうか。もっともこの週

刊毎朝の記事は，垣谷美雨『結婚相手は抽選で』（双葉社 5 頁）という小説の中で書かれているものでフィクションだ。テレビ（フジテレビ系）でも，2018 年秋に野村周平さん，高梨臨さんらの出演でドラマ化されていたので，視聴した方もいるかもしれない（ドラマでは対象年齢が 25 歳から 39 歳となっているが，ここでは原作の通りに 35 歳までとして考えていく）。

　だが，もし，これが本当であればどうなのであろうか。そこで，ここでは結婚と決まりについて考えてみたい。なお，法律では結婚のことを婚姻というが，ここでは結婚という言葉を使っていく。

☞　1-2　結婚と法

　「結婚」を広辞苑で引くと「男と女が夫婦になること。→婚姻」と記されている。では，法的にはどうなっているのであろうか。まず日本国憲法をみると，「婚姻は，両性の合意のみに基いて成立し，夫婦が同等の権利を有することを基本として，相互の協力により，維持されなければならない。」（24 条 1 項）と規定されている。明治憲法では憲法で結婚に関する規定はなく，民法で「家族カ婚姻又ハ養子縁組ヲ為スニハ戸主ノ同意ヲ得ルコトヲ要ス」（旧民法 750 条）となっており，結婚するには家長の同意が求められた。結婚が家と家とのつながりという考えで成立していたからである。それに比べ，現在の決まりでは本人たちの同意だけで結婚はできる。

　ということであれば，抽選見合い結婚法により強制的に結婚させられるのであれば，憲法に違反するものということになる。

　そこで，抽選見合い結婚法は違憲となるのかについて考えていきたいが，その前に，法の体系についてみておこう。最も上位に位置しているのが日本国憲法である。その次に法があり，さらに政令，省令と続く。要するに日本国憲法＞法律＞政令＞省令となる。その点を憲法は「この憲法は，国の最高法規であつて，その条規に反する法律，命令，詔勅及び国務に関するその他の行為の全部又は一部は，その効力を有しない。」（98 条）と規定しており，抽選見合い結婚法が違憲であれば，当然，無効となる。

　では，改めて抽選見合い結婚法について確認していこう。なお，現代社会においては，ジェンダーフリーとの考え方から同性婚についての考えもあるが，ここでは男女の結婚という点から考えていきたい。といっても，先ほど紹介した垣谷美雨『結婚相手は抽選で』には，実際の条文は示されていないので，このようなものになるのではないかというものを示しておきたい（多田案）。

第1条　この法律は，少子高齢化，人口減少を踏まえ，あわせて少子高齢化や人口減少の弊害をかんがみ，その抑制と防止をすることにより，婚姻の減少を質することを目的とする。

第2条　この法律の対象者は25歳以上，36歳未満の国民とする。ただし，以下の者は対象とはならない。

一　婚姻が成立している者

二　過去に婚姻が成立していた者

三　禁錮刑以上の刑に処せられた者

四　その他，特別の事情がある者として厚生労働省令で定める者

第3条　対象者は厚生労働省令で定める抽選により見合いを行い，お互いの合意により婚姻をすることができる。

2　見合いは，2回を限度として断ることができる。厚生労働省令で定める場合においては，その回数に算出しない。

第4条　見合いを3回以上断った者は，テロ対策活動後方支援隊に2年間従事しなければならない。除隊後の職場復帰は保障されなければならない。

2　厚生労働省令で定める者は，厚生労働省令で定める場所における医療活動等に従事することをもって代えることができる。

　かなり大雑把だが，こんな感じになるかと思う。そこで，このような法が制定された場合，どこが問題になるのかを考えていく。

☞　1-3　抽選見合い結婚法は合憲なのか
....

① 憲法24条

憲法24条では，本人たちの合意があれば結婚ができると規定している。こ

れは逆にいえば，本人たちの合意のない結婚は認められないということになる。では，抽選見合い結婚法はその点でどうなのだろうか。該当する者は見合いをすることが義務づけられている。しかし，見合いをしたことは必ずしも結婚することにはならない。回数の制限はあるが断ることはできる。ということは，両性の合意に反して無理やり結婚させられることにはならないのではないか。そうであるならば，憲法に違反しないと考えることはできる。では，他の点ではどうだろうか。

② 憲法 14 条

憲法 14 条の平等権との点はどうであろうか。抽選見合い結婚法は一度も結婚したことのない 25 歳から 35 歳までの者が対象である。となれば 36 歳以上の者は対象外となる。もし，36 歳の者で抽選見合い結婚法での結婚を望んでいる者がいるとしたならば，除外することにより 35 歳の者には認められることが 36 歳だと認めらないことになるので，平等権に違反することになるのであろうか。

憲法上の平等権は絶対的な平等とは考えられていない。該当する者は差別しないという相対的な平等である。要するに 25 歳から 35 歳までの者で一度も結婚したことがない者が，ある地域に住んでいるとか，ある職業についているなどで差別されるのであれば平等権に反することになるが，線引きすることに合理的な理由が考えられるならば差別とはならない。35 歳までにするのか，36 歳なのか，39 歳なのかは難しい点はあるが，一定の年齢までとすることには合理的な考えがあるといえ，そう考えると 35 歳までとすることに対して，憲法 14 条に違反することにはならないと考えられるのではないか。

③ 憲法 18 条

憲法 18 条は，奴隷的拘束及び苦役の禁止を規定している。抽選見合い結婚法とどう関係するのかといえば，3 回断ったらテロ撲滅隊に従事することが奴隷的拘束や意に反する苦役になるのではという点と関係する。といっても，テロ撲滅隊が奴隷的な拘束をするのかと考えれば，おそらくそのようなことは考えられない。となると意に反する苦役との点で問題が考えられる。では，意に

反する苦役とは何なのかといえば，「広く本人の意思に反して強制される労役」（芦部信喜著，高橋和之補訂『憲法』(第7版) 岩波書店，2019年，252頁）ということになる。

　そのような点から考えるのであれば，テロ撲滅隊に従事することが苦痛と感じるならば，強制的に，しかも2年間従事させることは意に反する苦役になる。となると，抽選見合い結婚法は違憲となり，法律として認められないといえる。

　では，テロ撲滅隊へ従事することを止めてしまうならば，抽選見合い結婚法は合憲となるのだろうか。いや，テロ撲滅隊に従事することを止めてしまうことだけで，合憲となることは何かおかしいのではないか。

　④ 憲法13条

　そこで，憲法13条の点から考えてみたい。13条は「すべて国民は，個人として尊重される。生命，自由及び幸福追求に対する国民の権利については，公共の福祉に反しない限り，立法その他の国政の上で，最大の尊重を必要とする。」と規定している。個人として尊重されるということは，結婚に対する様々な考え方が尊重されなければならないということだ。様々な考えとは，いつ結婚するのか，あるいはしないのか。誰と結婚するのかといったものであり，それは個人により異なる。その異なった考え方を憲法は認めているのである。それを国家がこうしなければいけないと強制することは許されない。もちろん，この抽選見合い結婚法は少子化対策で，そのためには結婚が必要という考えもある。そうだとしても，少子化対策＝結婚させることという考えが，そもそも間違っているのではないのか。

　少子化対策をするのであれば，子どもを育てやすい環境整備などをすることの方が重要で，その点を置き去りにして，少子化は結婚する者が少ない，あるいは結婚する年齢が遅いからなどと考え，抽選見合い結婚法を制定し，特定の年齢層は結婚しなければならないということは，個人として尊重されることにはならず認められることとはいえない。

　このような点から考えるならば，抽選見合い結婚法は違憲となり，認められ

るものではない。

2 決まりを知ること

☞ 2-1　ダンスをすることについての決まり

みなさんの中にはダンスサークルに入って，日々，練習を重ねている方もいるかもしれない。

実は，ダンスをすることについても決まりがある。そこで，この点についても考えてみたい。

2016 年 6 月最高裁判所において，クラブでダンスをさせたとして逮捕，起訴された男性に無罪判決が確定した。この男性がなぜ逮捕，起訴されたのかといえば，無許可で客にダンスをさせたとする風俗営業等の規制及び業務の適正化等に関する法律（風営法）違反の疑いだ。

ちなみに，風俗というと，性風俗を思い浮かべる方もいるかもしれないが，パチンコなども含めて様々なものが風営法で取り締まられており，性風俗だけが風俗ということではない。

逮捕，起訴された男性は無罪を主張し，また，男性の逮捕には Twitter などを通じ多くの疑問の声があがった。

客にダンスをさせ，飲食をさせるクラブを経営する場合，風営法で許可が必要となっている。さらにいえば，営業時間は最大で午前 1 時までだ。要するに終電の時間を過ぎて営業することはできないということだ。これらに違反すれば罰則となる。

ということは，許可を取り，営業時間を法律通りに守ればいいではないかと思うだろう。

しかし，許可を取るためには一定以上のスペースが必要だ。さらに，午前 1 時を過ぎてもダンスをしたい客はたくさんおり，収益面を考えれば法律をまじめに守ることは容易とはいえないようだ。しかも，警察はこれまで午前 1 時を過ぎて営業していても積極的に取り締まりをしてこなかったのだ。

　それが，ここ数年，取り締まりを強化したことから波紋を呼ぶことになる。

　といういいかたをすると，法律を守るのが当然で，法律を守っていないならば取り締まられるのは当たり前だという意見もあるであろう。確かにその通りの面はある。

　そこで，風営法のダンスの点から決まりを守ることについて考えてみよう。

☞ 2-2　何がダンスなのか

　まず，風営法が禁じているのはダンスではない。店でダンスをし，飲食をする営業に対する規制である。そのため，大学のダンスサークルのダンスは風営法の対象とはならない。

　では，そのような営業になぜ規制をする必要があるのかといえば，警察庁は「善良な風俗を害するものを排除するためにも法の規制は必要」と説明し，ダンスホール的営業に一定の規制を行うのは，「行われ方いかんによっては，男女間の享楽的雰囲気が過度にわたり，善良の風俗と清浄な風俗環境を害し，又は少年の健全な育成に障害を及ぼすおそれがある（朝日新聞デジタル，2012年12月28日）からだとしている。

　警察庁の説明は正しいように思える。だが，もし，享楽的雰囲気が過度にわたることが風俗環境の点から問題であるというのであれば，享楽的雰囲気とはどのようなことを指すのかが明確になっている必要があるが，必ずしも明確になっていない。

　さらにその前に考える必要があるのは，ダンスとは何なのかということである。実は，風営法には「ダンス」という言葉はあるが，ダンスとは何かということは書かれていない。そこで，風営法違反で逮捕，起訴された男性の裁判の時に，警察庁がダンスかどうかを判断した材料として用いたのをみると「DJブースに向かってステップを踏むのは○，腰をくねらすだけなら△，リズムを取るだけの軽い上下運動は×」で「左右に1メートルくらいの幅でステップを踏むような動きを『ダンス』と決めた」（『日本経済新聞』2014年2月6日付夕刊）ということである。

　無許可のクラブでダンスをすると違反ということは，ダンスがどのようなものなのかがはっきりしている必要がある。どのようなものがダンスなのかわからずに「ダンスをさせたから逮捕する」というようなことは許されることではないからだ。

　では，先ほどの警察庁が裁判で用いた基準で，ダンスがどのようなものか，みなさんにはわかるだろうか。

3 決まりを考え，知ることとは

　まず，憲法は国民と国家との約束を記したものだ。ということは，憲法に違反する法律を制定してはならない。ただ，抽選見合い結婚法のように，少子化対策のためと聞くと，それはしかたないのかなと思ってしまうかもしれない。しかし，それにより意にそぐわない結婚をする。あるいは見合いを3回断ったことにより，意に反する苦役と感じるテロ撲滅隊への従事を強制されることが許されるのか。もし，意にそぐわない結婚や苦役と感じるテロ撲滅隊に従事することに対し，受け入れるのは当然という考え方につながることは危険なことである。

　私たちが自由であるための権利は，私たち自身が考え守る必要がある。少子化対策だから抽選で見合い結婚をすることは仕方ないことだと感じてしまい，従ってしまうならば，私たちの自由は奪われてしまうことになる。そのため，決まりが制定される際には，決まりを制定することが私たちの自由を奪うことがないのか，本当にその決まりを制定する必要があるのか，主権者である私たち自身がきちんと考えなければならない。

　また，その決まりの内容については，法はあいまいな規定をしてはならない。前述の客にダンスをさせたことで逮捕された男性は，許可を受けていなかった（無許可）ので逮捕されたのだが，男性は客にダンスをさせている認識はなかったようだ。ということは，許可が必要なダンスをさせるクラブであるとの認識がなかったために許可を取らなかったといえる。男性の店は，有名なア

ーティストも多く出演する人気の店であった。客にダンスをさせてはいないが，音楽が流れるなかで，客が体を動かすことはあったようである。

　音楽にあわせて体を動かすことは，ある意味ごく自然だ。ということはダンスが何かを法律で明記せず，捜査機関が音楽にあわせて体を動かすことを勝手にダンスと認識し，違反行為だということで取り締まるのであれば問題である。さらに，風営法でダンスをさせる営業を取り締まるのは，ダンスをすることで男女間の享楽的雰囲気が過度に渡ることが社会の風俗に影響を及ぼすので問題があるからとしているが，どのようなことが享楽的雰囲気になるのかの基準もはっきりしていない。

　ということは，ダンスが何かがはっきりせず，享楽的雰囲気の基準もあいまいなまま，私たちの自由が脅かされるならば重大な問題である[1),2)]。

　以上，抽選見合い結婚法とダンス規制の点について考えてきたが，私たちは社会生活を営むために一定の規制を設ける必要が生じる場合もある。だとしても，その規制は私たちの自由を脅かすものであってはならない。さらに規制の基準は誰にでもわかるように規定されなければならない。もし，基準があいまいならば恣意的な取り締まりが行われる危険となるからである。

　法はそれを守らなかった場合に，一定のペナルティを伴う。それは，私たちにとって不利益といえる。そのため，恣意的な取り締まりが行われるならば，私たちから自由を簡単に奪うことにもなる。だからこそ，私たちは，決まりについて，必要以上の規制が行われたり，法に書かれていないことが違法となるようなことがないように，きちんと目を向けていく必要がある。

４ トラブルをどのように解決するか

☞ 4-1　トラブルの解決手段を考える

　先日，道を歩いていたら大きな怒鳴り声が聞こえた。何かと思って声のする方を見ると，自転車の２人が接触してトラブルになっていた。多くの人が暮らしている中でこのような何らかのトラブルは起こり得る。

　そこで，トラブルとなった場合，どのように対処するのかを考えることも必要である。

　もうずいぶん前の話になるが，1970 年代にある殺人事件が起きた。同じ団地の上の階の者と下の階の者がピアノの音についてトラブルとなり，上の階に住んでいた者が下の階の住人を刺殺するという事件に発展してしまった。もちろん，トラブルがすべて殺人事件に発展するわけではないが，何もせずにそのままにしておくと，重大な事件へと発展することはあり得る。

　そこで，他人とトラブルになってしまった場合について考えてみよう。

　トラブルを解決する手段としては，

　① 話し合い

　② 裁判外紛争解決手続（ADR）

　③ 裁判

などが考えられる。

　裁判外紛争解決手続とは，当事者以外の中立的な第三者に関わってもらいトラブルの解決を図る制度である。中立的な第三者とは，弁護士会，司法書士会，国民生活センター等である。

　例えば，自転車での接触等のトラブルの場合，刑事裁判になるような事件，事故なら別だが，自転車が少し破損した等の比較的軽い事故の場合，民事裁判を起こすとなればお金も時間もかかり，また，裁判を起こすのはちょっと大袈裟になると二の足を踏む場合もある。そのような時に，中立的な第三者に関わってもらいながら解決していくことができるのが裁判外紛争解決手続である。

　その他トラブルが起きた時，お互いに「すみません」「ごめんなさい」ということで済むのであればすぐに解決するが，実際には，治療費や修繕費といった一定の金額がかかるなど，自分たちの話し合いだけでは解決しないことも多い。なかには，当初は話し合いをしたが，なかなかうまくいかず裁判まで進んでしまうということもあるであろう。

　そこで，次に裁判での解決についても述べてみたい。

☞ 4-2 裁判で解決をする場合

みなさんの中には，大学生になりひとり暮らしを始めたという方もいるだろう。そこで，アパートの隣にも大学生が住んでいたとする。その学生の部屋では連日友人が訪ねてくるらしく，深夜でも騒いでうるさく眠れないこともあった。その時，「もう少し静かにしてほしい」と自分で相手に伝えたり，大家に伝えて改善を図ろうとしたがうまくいかず裁判になった場合で考えてみる。

この場合，もし，社会生活上の我慢を超える音を出し，相手に財産的・精神的損害を与えたならば，不法行為となり損害を賠償する必要が生じる。

だが，人が生活する以上無音ということはありえない。ということは，音を出すことがダメということではなく，一定以上の音を出すことが問題となる。そして，その基準として社会生活上の我慢を超える音という点があげられる。

では，社会生活上我慢を超える音とはどのようなものなのか。個人差もあるので，これだということを示すことは難しいが，夜中の2時，3時まで毎日のように隣の部屋にも聞こえるような声を出して騒いでいたならば，隣の人の通常の生活を脅かすものとなり，社会生活上我慢を超える音といえるかもしれない。そうなった場合，社会生活上我慢を超える音を出していた方は，損害賠償金を支払う場合が出てくる。

例えば，2007年に東京地方裁判所で，上の階の子どもが飛んだり跳ねたりする音についての騒音で損害賠償を求めた訴訟についての判決では（平成17年（ワ）第24743号），36万円の支払いが命じられている。この場合も，最初は話し合いをしていたようだが解決されず裁判となった。

このように一定の強制力を使うことでトラブルの解決を図ることが必要な場合もある。しかし，裁判はお金も時間もかかり，実際問題としてすべてが裁判で解決できるわけではない。

そこで，トラブルについて裁判や裁判外紛争解決手続以外の方法での解決を身近な問題から考えてみよう。

☞ **4-3　トラブルなくケーキを分けるには**

　冷蔵庫に三角形のショートケーキが一つあったとする。兄 A（小 6）と弟 B（小 5）がそれを見つけ，2 人とも食べたいと思いお互いに譲らなかったとする。この場合，そのままにしておけばトラブル（兄弟喧嘩）になってしまう。

　では，どうすればトラブルにならずに解決できるのか考えてみよう。

　① 兄が弟に譲る

　お母さんがそばにいて，兄 A に「あなたはお兄ちゃんだから弟 B へ譲りなさい」といわれ，兄が弟に譲ることになったとする。その場合，ケーキは弟が食べるので 2 人が取り合いになることはなく，その意味ではトラブルは解決する。

　ただし，それはお母さんの強制力が働いたからということにもなる。もし，兄もケーキを食べたかったのに，お母さんの強制力で弟に譲ったとすれば兄の不満が残るだけだ。もちろん，お母さんが裁判官のような合理的な理由を用いて判断を行のであれば別であろうが，年上だから譲りなさいというのは判断をするための基準としては合理性があるとはいえない。

　となると，母の強制力による解決方法はトラブルの解決方法としては，必ずしも適切とはいえない。

　② 早いもの勝ち

　では，早く見つけた方がケーキを食べるとしたらどうだろうか。これは合理性があると考えられる面もある。例えば，国際法では誰のものでもない領域の土地（島）があった場合，最初にその土地を占有した国の土地となると定めている。早いもの勝ちである。

　だが，早いもの勝ちの場合にはスタートラインが違うならば不公平で合理性があるとはいえない。例えば，兄と弟が違う学校だったり，あるいは終わる時間が違う（兄の方が遅いなど）場合には，一方の方が有利になる。

　仮にスタートラインが同じでも問題はある。もし，弟が早く見つけてケーキを食べた場合，兄は，次は自分が早く見つけることを考えるだろう。そうなれば，弟は負けじと策を講じるかもしれない。ということは，早いもの勝ちはト

ラブルの解決方法としては，次の火種を残すことにもなり，このケーキの場合には適切とはいえない。

③ じゃんけんで決める

何かを決める時にじゃんけんで決めるということはよくある。それは，じゃんけんは公平だと思えるからではないだろうか。

2人でじゃんけんをする場合，確率的には2回に1回は勝つことになる。だが，2回に1回勝つのはあくまでも確率的にということだ。10回やって10回負けることもある。でも，それはじゃんけんだから仕方がないという考え方もでき，公平性（確率としては同じ）という点からは問題ないといえるかもしれない。

しかし，弟が10回やって10回負けた場合，不満は解消されないどころか，もしかしたら兄が10回勝ったのは何らかのずるい行為をしたためじゃないかというようなことを思うかもしれない。

実はじゃんけんは，公平に思える面もあるが，運にまかせるという多少ギャンブル的な面もある。

今回のような冷蔵庫にケーキが1個しか入っていないということが，今後はないというならば，じゃんけんを使うことが解決につながるかもしれないが，今後も冷蔵庫にケーキが1個だけ入っていることもあるかもしれない。いや，今後もおそらくあるであろう。そう考えると，この方法もトラブルを解決する方法としては疑問が残る。

④ 一方がケーキを分け，他方が選ぶ

4番目として，兄，弟のどちらか一方がケーキを2つに分ける。そして他方が好きな方を選ぶという方法はどうか。

この場合，ケーキを選ぶ方は好きな方を選ぶわけで，分ける方は残った方ということになる。そうなると分ける方は，分ける時にどちらが自分のものになってもいいように分けるであろう。

三角形のショートケーキの場合，正確に半分に分けることは難しい。そこで，少し小さいと思える方にイチゴをのせるというように，何らかの工夫をす

るかもしれない。そう考えると，この 4 番目の手段には合理性，公平性といった視点があるようにも思える。そのためこの④の方法は，トラブルを解決する方法として評価できるのではないか。

5 トラブルを解決するために必要な視点とは

　ケーキについての兄弟でのトラブルを解決する方法を見てきたが，①は第 3 者（母）の強制力が働いたための解決方法，②はスタートラインが同じでない場合があるなど，今後に不満を残すことも多く考えられる解決方法，③は運にまかせる解決方法というように，トラブルを解決する手段としては疑問が残る。

　トラブルを解決する時に必要なのは，合理性や公平性を考えながら，一方が勝ち，他方が負けるという勝者と敗者ということではなく，不満を少しでも解消することを考えることが重要だ。例えば，強制力を使いトラブルを強引に解決するとなると，そこに公平性や合理性といったものがあったとしても不満の解消にはならないこともある。

　もちろん，強制力といったものを使わなければ解消できないトラブルもあり，その場合には，裁判のような強制力を伴う解決方法を使うことも必要だ。

　だが，通常の生活のなかで起きるトラブルは，強制力を伴う必要がないものがほとんどではないだろうか。

　そのような場合には，勝者になることだけを考えるのではなく，お互いが少しでも納得できる解決を考えることが求められるのではないだろうか。

　現在の国際化社会においては，様々な考え方をもったいろいろな人と隣り合わせに生活することになる。そのような状況において，考え方の違いからトラブルになることもあるかもしれない。そうなった場合に，強制力をもってのみしか解決できないとなると，勝者とならない者は不満が残るだけで，結局，根本的なトラブルの解決にはつながらないであろう。

　このように考えると，トラブルが起きた時に，どのような解決手段があるの

か，あらかじめ知っておくことも必要で，そこには相手を尊重しながら，自分の主張を述べ，問題の解決に導くという点を考えることが大切となろう。

　といっても，自分の権利を主張することは，他方，誰かの権利を侵害することにもなるかもしれない。そのため，合理性や公平性といった視点も重要となるであろう。

　そこで，トラブルを解決するためには，リーガルマインド（法的思考）を身につけ，バランスの取れた判断能力をもつことが，今後の社会生活にとっては必要となってくるといえるのではないだろうか。

　もしトラブルが生じた時には，このような視点も踏まえて，解決する手段を身につけてほしい。

▌注

1）高知市では，公民館で行われる社交ダンスパーティーが風営法に触れるおそれがあるために，貸し出しに注意するように通知を出したとの報道がなされた（『朝日新聞』2012年11月27日付朝刊『読売新聞』2013年6月6日付朝刊）。このようにあいまいな基準により幅広い解釈が行われると，ダンスをする自由や表現の自由が簡単に脅かされる危険が生じる。

2）風営法は，このようなダンスの問題を受けて2015年に改正され，クラブは店内の明るさなどの一定の条件をクリアすれば，風俗営業から外れ営業時間の規制がなくなるなど規制が緩やかになった。だが，新たに特定遊興飲食店営業が設けられることになり，これにより，もともと規制の対象外だった，例えばスポーツバーなどが新たに規制の対象と考えられるようになるなど，法改正により問題が解決したとはならない。

参考文献

鈴木啓文監修（2005）『なぜなに法律入門2　身の回りのルールってなぜあるの？』学研

垣谷美雨（2010）『結婚相手は抽選で』双葉社

木村草太（2012）『キヨミズ准教授の法学入門』星海社新書

磯部涼編（2012）『踊ってはいけない国，日本』河出書房新社

神庭亮介（2015）『ルポ風営法改正　踊れる国のつくりかた』河出書房新社

芦部信喜著，高橋和之補訂（2019）『憲法』（第7版）岩波書店

山本聡（2019）『法学のおもしろさ──法の起源から人権まで（三訂版）』北樹出版

堂垣内正人（1990）「自分で考えるちょっと違った法学入門」『法学教室』115：39-

43
警察庁生活安全局保安課長（2014）「客にダンスをさせる営業に係る質疑応答について」（警察庁丁保発第 188 号）
須藤陽子（2016）「風営法の一部改正とダンス」『法学教室』426：54-61
朝日新聞デジタル http://www.asahi.com/special/billiomedia/TKY201212270988.html（最終アクセス 2012 年 12 月 28 日）
『日本経済新聞』2014 年 2 月 6 日夕刊

第 12 章　法学 II
法の起源とその行方
──少年は処罰すべきか教育すべきか──

1　子どもへのまなざしと少年法の誕生

　民法の成人年齢が 18 歳になることに伴い少年法の適用年齢も 18 歳未満ま
で，すなわち 18 歳，19 歳は除外しようという議論が法制審議会でなされてい
る。直接の契機は 2015 年に発生した川崎市中 1 男子生徒殺害事件と考えられ
る。この事件の主犯格少年が 18 歳だったことから，自民党の当時の政調会長
が問題視し，改正へ向け動き始めたのである。何が問題かというと，18 歳に
少年法が適用され，処分が成人と比較して「軽くなる」というのは問題である
という趣旨である。しかしこの見解は大きな誤りである。なぜなら 2000 年の
少年法改正により 16 歳以上で故意の致死事件を犯した少年は「原則逆送」と
なり成人と同じ刑事裁判となり，18 歳以上であれば最高で死刑もあり得るか
らである。もちろん裁判員裁判も適用される。実際に近年でも，光市母子殺害
事件や石巻 3 人殺傷事件でそれぞれ 18 歳の少年に死刑判決が下されている。
とくに石巻の事件は裁判員裁判では初となる少年に対する死刑判決であった。
死刑以上に厳しい処分はありえないので，上記の見解は少年法をよく理解して
いないといえる。もちろん有権者へ向けた「犯罪・非行対策」のアピールかも
しれない。法改正はもっともお金がかからない「対策」であるからである（飲
酒運転が問題化すれば罰則が厳しくなり，あおり運転が問題化すると新たな立法を
考えるという具合にである。おそらく法の感銘力に期待しているのであろう）。

　1948 年に成立した現行少年法は，2000 年の改正をはじめとしてこれまで 4
度の大きな改正が行われた。改正を重ねるほどに刑事司法的色彩を強め，「厳

罰化」と評されている。悪いこと，残虐なことをした場合は少年だからといって容赦せず，刑罰を受けて責任をとりなさいというのはたしかに一定の支持はあり，非常にわかりやすい。少し古いデータであるが，裁判員制度導入に先立ち，量刑の「市民感覚」を探るため 2006 年に最高裁司法研修所が実施したアンケート調査がある。殺人事件で被告人が少年だった場合は刑を「重くする」と回答した市民が 25.4% にものぼった。しかし裁判官は「軽くする」が 90% を超え，「重くする」は 0% であった。

　少年を更生させ再犯を防止するためには，保護観察や少年院送致などの保護処分といった教育的な措置を優先させ，刑事処分はなるべく回避するといった「司法の常識」といわゆる「市民感覚」はかなりのズレが生じていることが明らかになった調査であった。

　インターネットが発達し誰もが多くの情報に接することができる時代であるから，凶悪な少年事件が発生するとその情報は瞬く間に社会の耳目を集め，人々の怒りを増幅させる。その結果，行き場のない怒りが少年に向けられ，「厳罰を」となってしまうのは無理もないかもしれない。

　では，昔から少年いわゆる「子ども」には市民から厳しいまなざしが向けられ，厳しい罰が科されていたのであろうか。市民感覚を探るのに面白い題材がある。例えば，『初版グリム童話集』（1812 年）である。そこでは，「ごっこ遊び」をしている男の子と女の子が，牛や豚をつぶす役，料理番の役，豚の役などに分かれて遊んでいる。やがて牛や豚をつぶす役の子どもが豚の役の子どもを本当に殺してしまう。そこへ市の議員が通りかかり驚き，その豚をつぶす役の子を市長の家に連れて行く。そして議員が集められ，この事件について話し合うことになる。しかしほんの子ども心でやったことは明らかであるが，どうしたらいいのか見当もつかない。子どもたちの「ごっこ遊び」であることは明らかであるからである。やがて賢い老人の議員が，一つの案を提示する。裁判長が，片手に見事な赤いリンゴを，片手に一グルテン銀貨をつかんで，子どもの前に突き出し，子どもがリンゴを取れば無罪，銀貨をとったら死刑にするとよいと。すると子どもはリンゴを取り，何も罰を受けないですんだというお話

が所収されている。「罪を犯す能力」を「りんごと銀貨」で判断したのである
が，少なくともこの時代に「子ども」をどう処罰するかで悩んでいたというこ
とが見て取れる。市民が子どもに対してとても厳しいまなざしを向けてはいな
かったと考えることもできる。

　昔は建前では成人も子どもも同様の法律で扱うとなっていても，実際は寛容
に扱われている。そして19世紀になると少年に対する博愛精神が生まれると
ともに，少年犯罪の原因を貧困に求め，救貧といった発想が強くなっていく。
また，大人と子どもを同じ施設の同じ部屋で処遇するのは，「悪風感染」，「犯
罪学校」といって，大人が犯罪の手口を教え，強い大人が弱い子どもを支配す
るなど悪影響が大きく，大人と子どもを分離する動きが始まる。そして1899
年にアメリカのイリノイ州シカゴで少年裁判所が設置され，少年裁判所法
(Juvenile Court Act) が制定されたのである。いわゆる少年法の誕生である。

　もちろん日本においても昔から子どもに対して厳しいまなざしがそそがれて
いたわけではない。江戸時代の井原西鶴『本朝桜陰比事』は1689年に書かれ
たもので，1812年のグリム童話よりも前である。このお話は，7歳が小刀で9
歳を刺して殺してしまう。被害者家族はこの加害者を死罪にしてほしいと譲ら
ない。奉行は，この7歳が何の思慮分別もないことがわかり，死罪にせず命を
助けたというお話である。この頃も子どもは子どもであり，成人と同じには扱
わないという理解と寛容性を見て取れるのである。そして，1920（大正9）年
に「少年法案」と「矯正院法案」が帝国議会に提出され，審議未了や廃案が繰
り返されたのち，1922（大正11）年に両法案が成立し，いわゆる「大正少年
法」が誕生する。これは「愛の法律」と呼ばれ，刑法とは別の法体系を採り入
れたことの意義は大きく，アメリカ・シカゴの少年裁判所法制定の影響を受け
たことは間違いない。

　以上のことから考えると，少年に対して厳罰を科すという現代の流れは時代
に逆行していると言える。2000年代は子どもに対するまなざしがかなり厳し
いと言えよう。

　もちろん西洋問わず昔から子どもには寛容だったのだから，現代も子どもに

は寛容にせよという主張だけでは支持は得にくい。子どもには刑罰よりも教育
を優先したほうが，更生し再犯を防止し，ひいては社会のためになるという根
拠を示さなければ，先の最高裁司法研修所の調査で明らかになった「市民感覚
を変える」ことはできないであろう。

2　子どもは成長発達する存在

　そこで少年法はどのような非行少年を前提にしているのかを確認しなければ
ならない。少年は社会的にはもちろん精神的にも，肉体的にも未成熟な存在で
あるということである。成人ではない存在として，法的な援助の対象としてい
る。未成熟ということは社会的な判断，法的な判断が成人よりも大きく劣り十
分ではない。だからこそ様々な支援が必要になるのである。

　少年法の領域で注目すべきは，成長発達権と可塑性（変わる可能性）ではな
いだろうか。少年が未成熟であるということは，将来に向けて成長していくこ
とを意味する。ずっと未成熟でいるわけでもないし，ある日突然成熟するわけ
でもない。教育を受け，様々な大人や仲間と出会いいろいろな体験や失敗をし
ながら成長発達していく。子どもの権利条約は，子どもは成長発達する存在と
して想定され（前文および 6 条 2 項締約国は，児童の生存及び発達を可能な最大限
の範囲において確保する），特別な措置が必要であると規定している。さらに第
3 条ではすべての措置は「子どもの最善の利益」を考慮しなければならないと
規定している（第 3 条 1 項児童に関するすべての措置をとるに当たっては，公的若
しくは私的な社会福祉施設，裁判所，行政当局又は立法機関のいずれによって行わ
れるものであっても，児童の最善の利益が主として考慮されるものとする）。つまり
国は子どもの成長発達を最大限援助しなければならないことになる。また，少
年事件の仮名報道で，少年法 61 条の推知報道禁止違反であるとして出版社が
訴えられた裁判で，名古屋高等裁判所は子どもの成長発達権を基本的人権のひ
とつであると位置づけている。

164

　すなわち,「少年は,未来における可能性を秘めた存在で,人格が発達途上で,可塑性に富み,環境の影響を受けやすく教育可能性も大きいので,罪を問われた少年については,個別的処遇によって,その人間的成長を保障しようとする理念(少年法1条「健全育成の理念」)のもとに,将来の更生を援助促進するため,社会の偏見,差別から保護し,さらに,環境の不十分性やその他の条件の不充足等から誤った失敗に陥った状況から抜け出すため,自己の問題状況を克服し,新たに成長発達の道を進むことを保障し,さらに,少年が社会に復帰し及び社会において建設的な役割を担うことが促進されるように配慮した方法により取り扱われるべきものである。そして,このような考えに基づいて少年に施されるべき措置は,翻って言えば,少年にとっては基本的人権の一つとも観念できるものである。

　そして,過ちを犯した少年が,自己の非行を反省し,他の者の人権及び基本的自由を尊重する規範意識を涵養するため,更生の道を進み,社会復帰を果たすことは,このような権利の具体的行使であるとともにその責務であるが,大人(成年者)及び社会には,少年が非行を克服し,社会に復帰し及び社会において建設的な役割を担うことが促進されるようにするため,環境の整備を初めとする適切な援助をすることが期待,要請されているのである。
(名古屋高判平12.6.29民集57巻3号265頁)と判示している。

　つまり少年が成長発達することを援助するのは社会や大人の役割であり,それが少年法第1条の健全育成につながるという理解である。少年が成長発達するということは,可塑性(変わる可能性)があるということである。成長発達権は憲法13条に根拠をもつと考えられる。少年法はこの成長発達権を保障するものと考えることができる。

　このように考えると,未成熟な少年に刑罰を優先することは,成長発達の機会を奪うことになり,子どもの権利条約といった国際法や基本的人権の保障といった観点から妥当ではないということになる。少年が成長発達＝非行克服を遂げるための法律がまさに少年法であると言えるであろう。

3 　虐待と自尊心の回復

　以前に多摩少年院を見学した際におもしろい資料を目にした。「我が子を非行化させる秘訣 12 カ条」というものである。アメリカのデンバー少年裁判所が発表した「子どもを悪くする法」を多摩少年院育成後援会が翻訳して整理した逆説的な子育て論である。

　▼我が子を非行化させる秘訣 12 カ条　（多摩少年院育成後援会版）
　1　幼いときから冷たくあしらうべし。スキンシップとか遊び相手になるのは禁物。　（情緒障害発生法）
　2　欲しいといえばホイホイと買い与えるべし。うるさく細かく親の思うまま世話を焼け。　（過保護・過干渉のすすめ）
　3　子どもの間違いや失敗は理由をとはず叱りとばせ。ひっぱたくことはいっそうよろしい。　（叱り方の原則の否定）
　4　食卓のだんらんは家庭から一掃すべし。子どもの話題や関心など他愛ない。　（無関心のすすめ）
　5　子どもがどこで何をして遊ぼうが気にするな。遊び相手についても全く気にすることなし。　（不良感染のすすめ）
　6　できの良い兄弟やよその子と比較して「お前はバカだ，誰々を見習え！」を連発すべし。　（劣等感の助長法）
　7　問題解決は感情で処理し，暴力に訴えるか集団の実力を悪用するのが手っ取り早いことを子どもに示すべし。　（短絡的問題解決のすすめ）
　8　子どもが良いことや努力をしてもほめるべからず。むしろ，ごまかしや裏切りなど悪事をうまくやったら忘れずほめること。　（ほめ方の原則の否定）
　9　子どもの前では決して夫婦間の意見を一致させるな。父親は難しい問題からうまく逃げよ。　（しつけ基準の混乱のすすめ）

10 お金こそが人生の最高目標であると身をもって教え込むこと。宗教や
精神生活を軽蔑させよ。 （拝金主義・物質主義の奨励）

11 子どもの前で法律，警察，学校，役所の悪口をいい，社会のきまりや
公共機関への敵意を植え付けよ。 （反社会性の学習助長法）

12 もし，以上のすべてを忘れても，次の一つだけを心がけるならば，あ
なたの子どもの非行化は効率よく進むだろう。"いつも夫婦仲悪く暮
らし，憎しみ合い，できれば不貞をはたらくこと"。 （モデルの否定）

　どうでしょう？　子どもの自尊心を傷つけ，家庭のぬくもりをなくし，暴力
を肯定し，社会のルールを無視するこの12カ条を実践したら子どもはほぼ間
違いなく非行少年になるであろう。少年の成長発達を援助する方法とは到底言
えないであろう。逆説的な子育て論であるから，この反対のことを実践すると
少年非行を減少させることができるかもしれない（あくまでもひとつの可能性で
あるが）。この12カ条から読みとれる教訓のひとつは「親子関係の大切さ」で
はないであろうか。法務総合研究所の行った非行少年に対する調査に，非行を
思いとどまる「心のブレーキ」は何かという問いがある。「父母のこと」と回
答した少年は45.1%，「兄弟（妻子）を含めた家族全体のこと」と回答した少年
は23.2%であった。これは，親子関係や家族関係が安定し，親等に愛されてい
ると感じていると非行を抑止できることを表している。ちなみに，「警察につ
かまること」と回答した少年はわずか11.2%であり，司法的な対応は非行の抑
止にはほとんどならないことも表している。例えば，先ほどの2015年2月に
発生した川崎市中1男子生徒殺害事件では，主犯格の18歳少年Aは父親から
の暴力とそれを黙認する母親により家庭内に居場所がなかったとされている。
また母親が外国人であることをからかわれ学校ではいじめにあい不登校になっ
た。家庭にも学校にも居場所がなく孤立した少年Aはやがてゲームセンター
に入り浸るようになり，同じような境遇の10代の仲間たちとアニメやゲーム
といった共通の趣味を介してつながるようになる。そして中1の男子生徒と知
り合いやがてトラブルに発展し，仲間の少年とともにカッターナイフで40カ

所以上も切りつけ，裸で冬の川を泳がせて殺害してしまう。裁判員裁判ではこの主犯格の 18 歳少年 A には殺人罪が認定され懲役 9 年以上 13 年以下の不定期刑が科された。行為だけに着目すれば非常に残虐な行為で，世間が憤るのも無理はない。しかし，少年の内面に着目すると，このようなケースの場合，少年 A には誰かに愛され，大事にされた経験はなく自尊心がとても低い状態であると考えられないであろうか。自尊心が低いと自分のことが大切だとは思えない。そうすると相手が大切に思えることもない。自分も相手も大事なひとりの人間なんだという感情が欠如してしまう。また日頃から家庭内で暴力にさらされていると，暴力へのハードルが低くなり，トラブルは暴力で解決するようになってしまう。子どもは親を見て育つのだから当然である。そこへ集団心理が影響すると暴力はエスカレートしてしまう。虐待やいじめにあい成育環境が不遇で非行を行うということは，本来得られるはずの成長のための親や社会の援助が受けられず成長発達権が保障されていなかったと考えることができる。人として尊重されず，その権利を奪われてきた子どもなのではなかろうか。

　裁判員裁判で少年 A は，他の少年の前で引くに引けず，どうすればいいかわからなくなり，雰囲気に流された，一人だったらやっていない，気持ちが大きくなりその場の雰囲気もあったという趣旨の証言をしている。自分を強く大きくみせようという心理が影響していたと思われる。また，少年 A の弁護士は公判で，強い殺意はなく止めてくれないかという気持ちもあった，切りつけているうちにどうしていいかわからなくなった衝動的な行為だと主張し，暴力以外で解決する手段を知らずに育ったと指摘している。

　もちろん，虐待やいじめにより成育環境が不遇であったからといって暴力が肯定されるわけではない。最高裁司法研修所の調査にあったように世間一般からすれば，刑罰という厳しい処分は当然であろう。しかし，少年の内面に着目し，非行の原因を考えたとき，少年に刑罰を与えることによって彼の自尊心は回復するのであろうか。先の 12 カ条の正反対のことを念頭に，いかにしてこの少年の成長発達＝非行克服を支援するかを考えるのもひとつの非行を減少させる方法ではないだろうか。さらには，問題行動があっても病院に連れて行か

れず，障害に気づかれず，学校でいじめにあい，非行に走って加害者になり，警察に逮捕され，少年鑑別所の調査で初めて「発達障害」がわかったという事例も数多い。こような事例に刑罰は有効に機能しないであろう。

4 非行少年（加害者）の被害者性

　さらに，「加害者の被害者性」にも着目してほしい。川崎事件の少年Aは家庭では暴力という虐待を受け，学校ではいじめにあっていることは先ほど述べた。「人を殺した」という行為のみに着目すれば加害者であるが，実は虐待やいじめの被害者でもあるのである。先ほど述べたように人として尊重されず，その権利を奪われてきたともいえる。刑事法的な視点では「処罰すべき少年」であっても，福祉の視点では「援助すべき少年」となる。例えば，法務省の法務総合研究所が2000年に行った「少年院在院者に対する被害経験のアンケート調査」によると全国の少年院の中間期教育課程に在籍する全少年の約73%に被虐待経験がある（法務総合研究所（2001）『法務総合研究所研究部報告11』）。また，国立武蔵野学院が実施した児童自立支援施設入所者への被虐待経験の調査でも，入所者の約6割に被虐待経験があったという調査結果がある（国立武蔵野学院（2000）『児童自立支援施設入所児童の被虐待経験に関する研究』）。さらには，最高裁判所が重大な少年事件について行った実証的研究でも，殺人などの重大事件の少年は幼い頃からなんらかの形で家庭内暴力を受けているということがわかっている（家庭裁判所調査官研修所監修（2001）『重大少年事件の実証的研究』司法協会）。もちろんいじめの被害も深刻である。少年Aはいじめにあっているし，2019年7月には埼玉県所沢市で中学2年生が同級生を刺し殺害するという事件が起こった。まだ詳細な背景は不明であるが，報道によると加害少年は被害少年から教科書を隠されたといったいじめ被害を学校に相談していたようである。このように考えると本人の責任のみならず，親や虐待を見抜けなかった社会の側，いじめを解決できない学校にも大きな責任があることがわかる。最近でも幼い子どもが親からひどい虐待にあっていながらも，市役所

や児童相談所が見抜けずに大きな社会問題となっている。虐待やいじめにさらされて育ってきた少年に，刑罰を科して問題の解決を図るという方法は，大人や社会の責任を不問にするということになりはしないであろうか。川崎事件の場合は家庭環境や友人関係といった環境調整を行い，少年 A の居場所を確保することも重要なのではないだろうか。そもそも長い間虐待にあっていると自分はダメな人間なんだと思い込み，自尊心が大きく低下するので自分を大事だと思えない。自分が大事に思えないので，相手のことも大事に思えず，痛みへの共感性がない。そうするともともと暴力へのハードルが下がっているので，簡単に相手に暴力をふるってしまうのである。重大な少年事件が発生すると，加害少年はすぐに謝罪をしないとよく報道され問題となるが，自尊心が低下し，相手のことを大事に思えないのである意味では無理もないことである。まずは少年の自尊心を回復し，自分は大事な人間なんだと思うようにする。そうすることによって，痛みに共感し被害者側にようやく思いをはせ，自分の行為に向き合い反省し，心から謝罪することができるのである。

　ところが，刑務所では事実上刑務作業が中心となり，自尊心を回復させ，好ましくない人間関係を断ち切るような調整機能は望めない。環境調整にはやはり，刑罰よりも教育が中心で環境調整ができる少年院のほうが適切であると考えられる。

　では，実際に少年院に入所すると更生できるのであろうか。『平成 30 年版犯罪白書』によると刑務所出所者の 5 年以内の再入率は 38.2%，少年院退院者の 5 年以内の再入院・刑事施設収容率は 21.6% である。このことは少年院退院者のほうが再入率は低く，矯正教育が刑罰よりも更生に効果的であることを示していると考えられる。

　続いて，2019 年 1 月 23 日付『朝日新聞』朝刊（17 面）に 16 歳から 2 年間女子少年院に送致された女性へのインタビュー記事があるので，以下引用する。

　小1のときに両親が離婚し，母と暮らしました。母は殴る蹴るの暴力を振るったほか，家に帰ってこず，食事ができないことが多かった。

　中2のころから万引きをし，その後，JKビジネスで働く子に100円ショップで買った下着をはいてもらい，8千円で売りました。多いときは月300万円稼ぎました。それがばれて，罪を犯すおそれがある「虞犯」として少年院送致となりました。

　怖いイメージがあった少年院は，実際には気持ち悪いほど温かい雰囲気でした。法務教官の先生たちは怒鳴ることもなく，わかりやすく丁寧に話すのです。私は母に反抗したことがないのに，少年院では反抗しました。作文を書く課題も嫌でビリビリに破ってトイレに流して詰まらせたり，コップを投げつけたり……。ふつうは10カ月の収容期間が，私は2年にもなりました。今考えると，どこまで本気で向き合ってくれるのかと試していたのだと思います。

　少年院では，内省という自分と向き合う時間がすごく多く，それを文章にします。何度も突き返されて書き直し，少しずつ自分や家族のことを掘り下げて考えるようになりました。集団生活でも学ぶことが多かった。情報に飢えていたので新聞は隅から隅まで読んだし，本も2年で約2千冊読みました。少年院で自分のすべてが変わったと言ってもいいほどです。

　少年院を楽な刑務所と言う人がいますが，全然違います。ある意味，少年院の方がつらいと思う。自分の行動や自分と嫌でも向き合わなくてはならないから。刑務所は満期になれば出られるけど，少年院は内省できないと無理です。

　私は非行に走りましたが，法律は抑止力にはなりませんでした。法なんて気にしたこともなかった。少年法を改正する前に少年にかかわる人や現場にこそ焦点をあてるべきだと思います。

　私が虞犯で捕まらず，あのままだったら，ダメ人間になって犯罪につながったと思います。適用年齢の引き下げは，18〜19歳が更生する機会を奪います。それに今なら矯正教育を受ける18〜19歳が，執行猶予や罰金

　　刑を受けてそのまま社会に戻ることになる。それって，被害者にとっても
　　社会にとっても，まずくないですか。

　この女子少年も本来得られるはずの親や社会からの成長発達のための支援を
うけることができていない。その結果として，「非行」という事象が発生して
いる。成長発達権が保障されず，両親の離婚を経験し，母親からの虐待を受け
るなど家庭環境に恵まれていないことがわかる。食事もとれないことから暴力
だけでなく，育児放棄いわゆるネグレクトにあい家庭に居場所がなかったと考
えられる。
　少年法では「虞犯」といって，罪を犯していなくても，「将来，罪を犯し，
又は刑罰法令に触れる行為をする虞のある少年」は家庭裁判所の審判に付すこ
とができ，少年院に送致することもできる。女子少年院では意外と多く，女子
少年院収容者の 15.5%（2017 年）を占めている。成人の場合は，このような要
件（罪を犯していない段階）で身柄の拘束をすることはできないので，少年法
ならではの制度といえる。早い段階で非行の芽を摘み取り，教育によって立ち
直りを図るのである。可塑性のある少年ならではの措置といえる。
　このインタビュー記事にもあるように少年院では「内省」といって徹底的に
自分と向き合い，作文を書くプログラムがある。何度も担当教官とやりとりを
しては直しを繰り返し，そこで今までの自分の弱い点を見つけて，被害者の
立場にもたち，改善更生につなげていくというプロセスである。刑罰を受ける
刑務所では，こうした処遇はなく，刑務作業中心になる。大げさに言えば，ま
ったく反省していなくても刑期が到来すれば出所することができる。それ以上
身柄を拘束し，反省を求めることはできない。しかし，少年院ではこのインタ
ビュー記事にもあるように，徹底的に自分が変わることを求められ，変われな
ければこの場合標準で 10 カ月の収容期間が 2 年にも延びる。もちろん保護者
への働きかけも行われる。犯罪被害者による講演も実施され，非行と徹底的に
向き合う。「教育」であるから可能なことで，「刑罰」では延長はできない。こ
れも少年法における教育の特徴といえるし，先に示した 21.6% という再入率の

低さにも現れているといえよう。また，少年院では民間の人材の活用も多く行われている。職業指導や義務教育課程等の教科指導はもちろんであるが，発達障害や学習障害，貧困や育児放棄，いじめ被害などの問題を抱えた少年の心をほぐすものとして，絵本や詩，科学本などの読み聞かせを行っている少年院もある。そして少年の変化を引き出したり，自分の人生をポジティブに捉え直す瞬間を引き出したりしている。これらは自尊心の回復に一役かっているといえるし，刑務所では実施しない処遇である。

5 少年法が改正されるとどうなるか

　もし少年法が改正され，18歳未満にしか適用されなくなるとしたらどうなるか。犯罪の多くは窃盗であるから，18歳，19歳の多くは不起訴処分や罰金となるであろう。「援助すべき」という視点はなくなり，刑事司法的な「処罰すべき」という視点のみになります。18歳と19歳は自分と向き合う機会がなくなり，家庭環境や人間関係の調整もできなくなり，いじめや虐待からの回復も図れない。何よりも成長発達＝非行克服のチャンスが奪われることになるし，これまで成長発達権を保障してこなかった大人や社会の責任は不問にされることになりはしないだろうか。刑罰を優先することは社会の処罰感情を満たし，多くの人は正義が果たされたと考えるかもしれない。しかし，実際には非行や犯罪の防止，更生には万能ではないし，国際的にも非難される可能性がある。先に述べた非行少年への調査でも明らかになったように「警察につかまる」といった司法的な対応は非行少年の心には響かない。国連子どもの権利委員会は総括所見の「少年司法の運営」の項目において，2000年の少年法改正以降，少年に対して懲罰的なアプローチが採用されていると繰り返し懸念を表明している。子どもの権利条約では第40条1項で，「締約国は，刑法を犯したと申し立てられ，訴追され又は認定されたすべての児童が尊厳及び価値についての当該児童の意識を促進させるような方法であって，当該児童が他の者の人権及び基本的自由を尊重することを強化し，かつ，当該児童の年齢を考慮し，

更に，当該児童が社会に復帰し及び社会において建設的な役割を担うことがなるべく促進されることを配慮した方法により取り扱われる権利を認める」と規定している。少年が自尊心を回復し，成長発達を遂げ，建設的な役割を担えるように援助し，子どもの最善の利益を実現していくことは大人や社会の義務であると考えられる。正義が果たされるとは，人々の処罰感情を満たしてよしとすることなのか，それとも少年の自尊心を回復し成長発達権を保障し，被害者の痛みにも思いをはせられる状態にし，よりよい社会を実現することなのか，冷静に立ち止まって考える必要がある。

参考文献

石井小夜子（2001）『少年犯罪と向き合う』岩波新書

宮口幸治（2019）『ケーキの切れない少年たち』新潮新書

山本聡（2019）『法学のおもしろさ（第 3 版）』北樹出版

『朝日新聞』2019 年 1 月 23 日朝刊

家庭裁判所調査官研修所監修（2001）『重大少年事件の実証的研究』司法協会

法務総合研究所（2001）『法務総合研究所研究部報告 11』

平成 30 年版（2018），平成 23 年版（2011）『犯罪白書』法務総合研究所

渡辺演久（2018）「少年の実名報道と成長発達権」『NCCD』57：23-34

第13章　社会学Ⅰ

「社会」はどこにあるのか

──自他を理解するパースペクティヴ──

1　新しい出会いと戸惑い

　大学に入学すると，授業やサークル活動を通じて，他市や他県，そして海外から集（つど）った様々な学生たちと出会うだろう。社会人ともなれば，地域社会や勤務先で，世代や立場など社会的背景がさらに異なる多くの人たちと日々接することになるだろう。

　私たちは，多様な人々との交流のなかで，ときに相手の「非常識」に驚き，他人との「常識」の違いに戸惑うことがある。しかし，「常識／非常識」がどのように作られるのかを知ることで，相互理解への新たな道が開けるのではないだろうか。本章では，新しい出会いのなかで相互理解を深めるためのヒントとなるような，社会学的なパースペクティヴ（視座）のひとつを紹介したい。

2　食と身体

☞ 2-1　空間軸での比較

　最初に，以下のような状況を，想像してほしい。スーパーで購入した惣菜を食べようと開けてみたら，茶色く変色しており，変な臭いがして，触ると糸を引いた。この惣菜が「腐っていて食べられない」ということに，疑いの余地はないだろう。人間は，視覚（見た目），嗅覚（におい），触覚（感触），聴覚（音），味覚（味）という五感を用いて，素早く異常を察知することができる。この惣菜は変色し（視覚），臭く（嗅覚），糸を引く（触覚）ことから，「腐って

いて食べられない」と判断される。それは，危険を回避し，自らの命を守ろうとする生物としての本能であり，どの地域やどの時代に生きる人であっても，人間である以上，誰もが同じ判断をするはずである——いやいや，ちょっと待ってほしい。これは本当に正しい説明だろうか？

　次に，改めて考えてもらいたい。それではなぜ，私たちは「納豆」を「食べ物」と見なすのだろうか。納豆もまた，変な臭いがして，触ると糸を引く。製造過程では白かった煮豆が，茶色く変色してもいる。もしも私たちが，生物としての本能だけで，食べて安全なものと危険なものとを見分けているのだとしたら，先ほどの惣菜と同様，納豆のことも「腐っていて食べられない」と判断するはずである。しかし，現実はどうだろうか。納豆が店頭に並んでいても，誰も「腐ったものを売るなんて！」と販売店に文句を言うことはない。一体これは，どういうことなのだろう？

　日本では，「納豆」と呼ばれる「腐った煮豆」を食べる[1]。他にも，例えばヨーロッパでは，ゴルゴンゾーラなど「ブルーチーズ」の独特な風味が好まれ，チーズとして食するだけではなく，ドレッシングやソースにも重用される。しかし，実はブルーチーズとは，見た目も，特有の刺激臭もそのまま「青カビが生えたチーズ」である。また，オーストラリア先住民アボリジニーは，「ウイッチェティ」を食べるが，これは地中に生息するイモムシ（カブトムシや蛾の幼虫）である。いずれも，それぞれの食文化に馴染みのない異邦人の目には，とても奇異に映るに違いない。

☞ 2-2　身体のなかの「社会」

　ところで，社会学はその名のとおり「社会」を研究対象とする学問である。この「社会」とは，（小・中・高校時代までの社会の科目で扱ったような）国会議事堂や株式市場や裁判所の中だけにあるのでなく，まさに，ここ，私たち自身の中にも存在している。先ほどの問いの答えを先取りして言えば，日本社会では，納豆を「食べ物」と見なす暗黙のルールが存在するため，それを食することを「当たり前」で「自然」なこととして受け入れるのである。これは，私た

ちが育ってくる過程で身につけた（いつの間にか教え込まれた）「社会のルール」であり，あまりにも私たち自身の中深くに浸透しているため，普段の生活で意識されることは稀である。

　日本の食文化，言い換えれば，食に関する日本社会のルールに慣れ親しんだ私たちにとって，納豆が「食べ物」かどうかわざわざ疑問視することはない。しかし，日本社会に馴染みのない外国人にとって，納豆はどう見ても「腐った煮豆」であり，「食べたら危険」だと判断するだろう。

　このように「社会のルール」[2]は，私たちの認知・評価・実践を生み出す原理として作動する。認知とは「ものの見方（色眼鏡，思い込み，決めつけ）」であり，評価とは「感じ方や考え方（感情や思考）」，実践とは「行い方や振る舞い方（行動や身体反応）」を意味する。例えば，前述の納豆などへの反応を振り返ってみよう。それを食べる社会に属している人の場合，一目で「あ，食べ物だ（納豆だ，ブルーチーズだ，ウィッチェティだ）」と見なし（認知），「おいしそうだな」と感じ（評価），「食欲が湧いてきて，よだれが垂れる」（実践）かもしれない。対して，それを食べない社会に属している人の場合，一目で「これは食べられない（腐った煮豆だ，青カビが生えたチーズだ，イモムシだ！）」と見なし（認知），「食べるなんて信じられない。気持ち悪い」と拒絶し（評価），無理に口に含んでも「猛烈な吐き気がして，飲み込めない」（実践）かもしれない。

　これらの例からわかることは，私たちの認識や感情は社会の影響を受けて形作られており，よだれや吐き気といった身体反応ですら，じつは「社会のルール」に基づいて生じるということである。

　多くの場合，私たちは自らのルールと異なるルールを持つ「他者」と出会うことで，初めてその違いに気がつき，「社会のルール」の存在を意識することができる。しかし，自分の慣れ親しんだルールだけが絶対に正しいと思い込むと（これも「社会のルール」による作用なのだが），異なるルールに従う他者を「非常識」で「異常」と見なして排除しがちである。ひるがえって，自分自身もまた，ルールが違う人たちからは「非常識」「異常」とレッテル張りをされているかもしれない。このように，無自覚なまま「社会のルール」に従ってい

ると，文化の違いから多くの誤解や対立が生じることになるだろう。

☞ 2-3　社会的背景への考察

そこで，なぜこのような奇異な食文化，不思議なルールが発達したのか，その理由となる社会的背景について考えてみたい。じつは，納豆もブルーチーズもウイッチェティも，それらを食用としてきた理由に共通点があるのだ。

かつて人々は，厳しい自然環境のなか，貧しい暮らしを営んでいた。昔の食事では，運動エネルギーとなる「炭水化物」は比較的摂取しやすかったが（日本では雑穀や玄米，ヨーロッパでは小麦を加工したパンやパスタ，アボリジニーの人々は芋等），身体を作ったり免疫系を働かせたりするのに不可欠な栄養素である「たんぱく質」を摂取することの重要性もまた，欠乏すると死に至ることから経験的に知っていた。

日本は細長い列島で，その真ん中を山脈が通っており，太平洋や日本海から吹く湿った風が山脈に当たって豊富な雨が降るという地理的な特徴を有している。そのため，古くから日本では，畑で栽培した大豆から植物性たんぱく質を取ってきた。そして，豆やもやしが食材として用いられるだけでなく，味噌・醤油・豆腐・油揚げ・きなこ等，多種多様な大豆の加工品が作られてきた。納豆も，そのひとつである。他方で，ヨーロッパでは，広大な牧草地帯を活かした牧畜が盛んであった。放牧した牛や山羊を搾乳し，乳製品から動物性たんぱく質を取った。そして，冷涼潤湿な気候を活かした保存食として，カビを用いた様々な熟成チーズが発達した[3]。ブルーチーズも，そのひとつである。また，オーストラリア中央部の砂漠地帯に住むアボリジニーたちは，畑を作る豊かな水源も牧草となる広大な草原もなく，そのため地中を掘りそこに生育するイモムシ（蛾の幼虫）を，貴重な動物性たんぱく質として食するようになったと考えられている。

このように，一見すると奇異に感じられる食文化であっても，それが生まれた「社会的背景」について考察すれば，異文化として，言い換えれば異なる地理的・文化的な理由をもつ固有の「社会のルール」ゆえだと，相手を理解する

ことが可能になるだろう。

☞ 2-4　時間軸での比較

　そうはいっても，「外国」の異文化であれば，社会のルールが違うのは当然だと考えるかもしれない。それでは，別の事例を見てみよう。

　日本社会では多くの人が，当たり前のように牛肉を食したり牛乳を飲んだりする。しかし，同じ日本でも，今から160年程前の江戸時代では違っていた。多くの農家で牛を飼っていたが，それは牛車や農耕機を引かせるためであって，食材としてではなかった。加えて，牛肉に独特の甘く生臭いにおいが嫌悪されており，あえて牛肉を食べてみようと挑戦した人々は，その生臭さを隠すために濃い醤油で煮たほどであった（文明開化の時期に食された「牛鍋」や，すき焼き，牛丼などはすべて醤油味である）。

　対して，江戸時代では，鳥と同様ウサギも1羽2羽と数えたように，鶏肉とウサギ肉は獣臭さの少ない淡白な味ゆえ好まれて食された。しかし今日，「ウサギを焼いて食べたい」などと言えば，不審な目で見られるだろう。なぜなら，現代の日本ではウサギはペット（愛玩動物）として可愛がる存在だと見なされており，一般的な食材として流通していないためである。

　このように，同じ日本社会であっても，時代と共に「社会のルール」は変化している。現在の私たちが「常識」と信じて疑わないことでも，時代が変われば「非常識」とされるかもしれない。言い換えれば，各時代の中で状況の変化とともに，私たちは今までも柔軟に「社会のルール」を，またそれを反映する私たち自身の社会的な身体を変化させてきたし，これからも柔軟に変化しうるということを，ぜひ覚えておきたい。

3　家族のなかの「社会」

☞ 3-1　時間軸での比較——戦後日本と世代のルール

　食文化の例のように，地理的または時代的に遠く離れた社会のルールが，今

の私たちの「常識」と異なっていても，「それは，異文化なのだから（「社会の
ルール」が違うから），当然だ」と了解しやすかったかもしれない。しかし，私
たちに影響を及ぼす「社会のルール」の差異は，ごく身近にも溢れている。

　そこで，一番身近な社会集団である「家族」を例に挙げて，さらに考えを進
めてみよう。家庭という集団の中には，親子という「世代」の違いが，すなわ
ち時間軸で見た異なる社会的背景（異なる時代）による「社会のルール」の違
いが共存している。社会学では，生まれた時期区分「コーホート」によって，
世代の意識や行動の違いを探る研究分野もある。このコーホートに注目し，家
族の世代ごとに子供時代から青年・中高年へといたるライフコースを比較・検
討して，世代による差異を客観的に眺めてみよう——それによって，家族それ
ぞれの個人的な性格だと思っていたことが，じつは世代ごとの「社会のルー
ル」の違いゆえに生じた衝突であると気づくことがあるかもしれない。

　一例として，現在 10 代後半〜20 代の大学生をめぐる 3 世代の家族を考えて
みたい。この年齢の大学生は，2000 年代を中心に生まれたコーホートに当た
る。平成の時代に生まれ育った大学生を，ここでは「若者世代」と呼ぼう。次
に，大学生の父母であるが，主に 20 代〜40 代の頃に子供（上記の大学生）を
出産したと考えると，「親世代」は昭和の時代に生まれ育っており，その多く
が 1960 年代〜1980 年代生まれのコーホートに当たると想定されよう。同様
に，大学生の「祖父母世代」も，子供（大学生の父母）を出産したであろう年
齢から逆算すれば，恐らく 1940 年代〜1960 年代生まれのコーホートが多いの
ではないだろうか（もちろん，家庭ごとに各世代の年齢に幅があるだろうから，お
およその目安としてのみ考えてもらいたい）。

　それでは，この 3 世代は各々どのような暗黙のルールを身につけてきたの
か，言い換えれば，どのような社会的背景のなかで世代ごとの「認知（ものの
見方），評価（感じ方や考え方），実践（行い方や振る舞い方）」のルールが作られ
てきたのだろうか。それぞれの世代が生まれ育った戦後日本の社会変動と照ら
し合わせて概観していこう。

(1) 祖父母世代：戦直後の貧しい時代から高度経済成長へ

日本の歴史にとって大きな節目となったのは，1945（昭和20）年，すなわち太平洋戦争の敗戦（第二次世界大戦の終戦）といえる。この時期に幼少期を送っていたのが，祖父母世代である。戦中・戦直後の混乱の時代には，子供だからといってわがままは通用せず，深刻な食糧不足からひもじい思いをすることも多々あったという。着物を売って食糧に換えるという「タケノコ生活」を経験した人もいただろう。日本中がまだ「貧しかった時代」に生まれ育った祖父母たちは，学校で戦後民主主義教育を受け，映画や音楽を通じて豊かな西洋のライフスタイルに憧れを抱いた。卒業後も，豊かさを目指してひたむきに働き，苦しい過程を克服して日本を経済大国へと発展させた「忍耐の世代」であった。それゆえ，祖父母世代の人々は，食べ物を大事にし，豊かさの象徴として量を重視することが，世代に固有の「社会のルール」として身についているかもしれない。

さらに1964（昭和39）年には，戦後20年を経ずして，東京オリンピックが開催された。このことは，日本社会が早くも一定の生活水準に到達したことを意味する。世界各国から選手団や観客を迎え入れるためには，滞在中の衣食住はもちろんのこと，安定した治安や交通インフラの充実も不可欠である。このように，戦後日本の行動経済成長期，特に1960年代には，経済成長率が年平均10％を越える好景気が続き，1968年にはGNPでアメリカに次ぐ世界第2位になるなど，当時世界的にも例を見ない急速な経済発展を遂げた。他方で，豊かさを目指して邁進する時代には，家族を養うために進学をあきらめて働いたり，若くして「嫁入り」し封建的な姑に悩んだりした経験をもつ人々も多かった。それでも，与えられた自分の役割に従うことが「当たり前」と見なされた時代であった。そのため，中高年となった現在も，好きなことを楽しむというより，頑張って何かのために努力する（例えば「健康のために」ウォーキングに励む等）という「社会のルール」を身につけた世代だと言われている[4]。

(2) 親世代：高度経済成長からバブル景気へ

　次に，大学生の父母の世代を考えてみよう。親世代は，まさにこの戦後日本の高度経済成長期を経た社会に生まれ育った。「もはや戦後ではない」を合言葉に，1960 年には池田勇人首相が所得倍増計画（月給二倍論）を提唱し，実際に 10 年間で給与所得が 2 倍以上となったほどの急速な経済発展を遂げた。こうした所得向上は，その後の家庭への電化製品の普及など豊かな暮らしをもたらした。親世代では真夏に，幼少期にはうちわで暑さをしのいだが，小学・中学時代に扇風機が家庭に登場し，高校・大学時代や社会人の頃には，エアコンで冷房できるようになったという経験を持つ人も少なくないだろう。いわば，自分自身の成長と，日本社会の経済的・技術的な成長が一致した幸せな世代ともいえる。自分が成長すればするほど，世の中が便利で豊かになると実感できた親世代が，早く大人になりたいと憧れたのも当然であろう。親世代が大学生・社会人となった頃には，多くの若者たちは競って背伸びをし，大人の象徴である「酒・煙草・自動車・ブランド品」に夢中となった。

　このように大学生の父母は，日本社会が「豊かになっていく時代」に生まれ育ち，未来に夢と希望を抱いた世代であった。社会の豊かさは，多くの選択肢から好きな商品を購入することで，自分らしさを表現するという消費生活を定着させた。そのため，ただ物をたくさん所有するのではなく，その質にもこだわるようになった（量よりも質の重視）。また，生活上の理由で祖父母が断念した高校や大学等への進学を叶えた人も多かった。そして，祖父母世代のように我慢してあくせく働くよりも，自分らしく働くこと，夢を実現することを大切にした。経済発展の中，企業が就活生を奪い合う状況で，男子学生は就職先に困ることはなかった。しかし，女子学生の就活状況は大きく異なった。大学進学率に男女格差があっただけではなく，女性は結婚適齢期と呼ばれる 20 代のうちに結婚するべきだとする社会的圧力が当時は存在した。そして，女性は結婚したら家族のために専業主婦になるのが幸せだという考え（社会のルール）が，老若男女に広く共有されていた。それゆえ，女性の就労は結婚までの「腰かけ」に過ぎないと見なされて，給与や昇進等の面でも冷遇されていたが，こ

うした雇用差別を疑問視することなく自ら積極的に「寿退社」[5]を目指した女性も多かった（女性差別撤廃のための「男女雇用機会均等法」が1986年に施行されたが，女性の就労と結婚をめぐる「社会のルール」そのものが変わるためには，その後何年も必要だった）。

　このように，高度経済成長から華やかなバブル景気に至る時期を若者として過ごした親世代は，日本社会が「豊かになっていく時代」に生まれ育ち，就職や結婚を叶えて自己実現を果たし，「やれば，できる」「頑張れば，報われる」という姿勢（社会のルール）を自然に身につけていった。また，情報網や交通網が発達し，円が強い通貨になったことで，家族での海外旅行だけでなく，海外留学や国際ボランティア，国際的に活躍できる仕事等に憧れた，海外志向の強い世代ともいわれる。それゆえ，自分の子供（大学生）に対しても，国際的に活躍するような「大きな夢」を持って欲しいと願い，その実現に向けて努力することを期待するあまりに，ついつい口うるさくなりがちかもしれない――「あなただってやればできるのだから，頑張ってみなさい」と[6]。

(3) 若者世代：バブル崩壊から失われた10年・20年へ

　戦後の日本は，石油危機（オイル・ショック）等の一時的な低迷はあったものの，概して右肩上がりの経済発展を遂げてきた。しかし，1991年から始まったバブル崩壊を境に，その経済成長は限界に直面する。先の読めない不況の中では，努力して良い学校・良い企業に入っても，就職難や倒産，リストラにあう等，輝かしい未来が保証されるわけではなくなった。さらに2008年には，アメリカのサブプライムローン破綻を契機として，世界的な金融不安が到来する。バブル崩壊後の日本経済の長い停滞を指して，失われた10年ないし20年とも称された。そのため，現在は物質的な必要は充足されてそこそこ幸せだけれども，将来に漠然とした不安を覚える人々が急増した。

　現在の若者世代（10代後半〜20代）が生まれ育ったのは，このような平成の時代である。祖父母世代のように努力しなければ食べ物に困る時代ではないが，親世代のように経済成長を通じた明るい未来を信じることも難しい。いわ

ば「そこそこ豊かになった時代」に生まれた世代であるといえる。社会全体に「不確定な未来に向けて新しい何かに挑戦してみるよりも，現状維持でいい」「大人になりたくない，できれば子供のままでいたい」という時代の空気が流れていると言ったら，言い過ぎであろうか。例えば，「ジャパン・クール」と呼ばれるサブカルチャーの諸領域（漫画，アニメ，ゲーム，アイドル等）は，大人に憧れて背伸びをした親世代から見れば，さっさと卒業すべき「子供の遊び」として奇異に映るかもしれない[7]。また，向上心がないと叱咤される若者世代は，上の世代から「やれば，できる」と激励されても，「できなくていいから，やらずにすませたい」「必死に努力して失敗したら，みっともない（それなら，最初から努力しないほうが，恥をかかずにすむ）」と，現状維持の姿勢を取りがちともされる。これらは，個人的な性格というよりも，時代的な特徴，「社会のルール」の影響といえるかもしれない。

　さらに，1995 年に Windows95 が登場し，パソコンが家庭に普及する時代になると，周囲と話を合わせるために無理に流行を追わなくても，インターネットを介して自分と同じ趣味の相手をこれまでより簡単に見つけることができるようになった。ネット上では，年齢や職業にかかわらず，相手の投稿する内容や姿勢に共感してつながることができる。それゆえ若者世代は，相手の肩書きや身分によって態度を変えるというよりも，目上や目下は関係なく誰とでも対等に接して，相手の中身や内実に注目する姿勢を身につけていることが多い。他方で，LINE や Twitter 等の SNS を介して，（教室内の，またネット上で知り合った）少人数の気の合う仲間とだけ常につながり続けるということが可能となった。

　しかし，そのような同質性の高い，似通った人々との関係へと閉じこもることに慣れてしまうと，自分とは異なる「社会のルール」をもつ人々との関係が薄れる傾向になりがちなことには注意したい。例えば，幼少期の遊びを振り返ってみても，上の世代の人々では，広場で草野球をするために，敵と味方のチームで合計「18 名以上」が集まる必要があった。その中には，苦手な人や気の合わない相手もいたかもしれない。他方，若者世代では，気の合う友人「2

～3名」と家庭用ゲーム機で遊んだという人が多いのではないだろうか。

　以上，概観してきたように，戦中～戦直後の貧しい社会に生まれて「我慢」を身につけ，経済発展を担うべく尽力した祖父母世代と，戦後の高度経済成長期以降に生まれ育ち，華やかな好景気を経験した「自己実現」を大切にする親世代，そして物質的に不足のない生活が当たり前になりつつも，バブル崩壊と金融危機によって「現状維持」を望む若者世代──家族として一緒に暮らしていても，それぞれが生きた時代の社会的背景は違っており，世代ごとのものの見方・感じ方や考え方・行い方や振る舞い方といった「社会のルール」も大きく異なることがわかるだろう。

☞ 3-2　空間軸での比較──出身家庭のルール

　最後に，空間軸の差異に注目して，「夫婦」という同じ親世代の2人に見られる，出身家庭という社会集団の違いについて考えてみたい。ここでは，筆者が大学院時代に，社会学のゼミで恩師の一人から直接うかがった話を事例として紹介しよう。夫婦ともに大学教授として社会学を教えていた恩師は，結婚当初，妻と口論になったという。子供を連れて家族旅行に出掛けようとした矢先のことだった。

　夫（恩師）の父親は中学校教諭で，時間に厳しい人だったという。授業は時間割どおりに行われるし，学校行事は月単位で事前に告知される。そのため夫も，遅刻をしないこと，約束どおり予定を進めることが大切だという「社会のルール」を，自然に学んで育った。結婚して，妻子と出掛ける家族旅行でも，当然そう進めるべきだと，夫は考えた。

　他方で，妻の実家は外科医をしていた。家族旅行の約束があっても，外出直前に救急患者が運び込まれれば，予定変更は当たり前だったという。こうして妻は，事前の予定にこだわるよりも，変化する現状に合わせて臨機応変に対処することが大切だという「社会のルール」を，家庭で自然と学んでいった。

　さて，結婚当初，恩師夫婦は家族旅行をめぐる口論から大喧嘩へと発展しそうになった。しかし，幸いにも2人は社会学者だった。話し合ってみれば，

「当たり前」で「自然」だと疑わなかった相互の時間感覚や価値観のずれは，どちらが「常識」でどちらが「非常識」なのか決められるものではなく，それぞれが出身家庭で身につけてきた「社会のルール」に過ぎないと気がついた。こんなふうにお互いが理解できると，夫である恩師も，几帳面に時間厳守で予定を急ぐより，融通をきかせて状況に合わせて楽しもうと考えることができるようになった。妻のほうも，家族が楽しみにしている約束を守って喜ばれることで，予定どおり進めることの良さを再発見したそうだ——この事例は，私たち自身もまた，同世代の友人や恋人と対立・衝突した際に，当てはめて考えることができる示唆深いものといえよう。

　社会学では，人々の出身家庭（親の学歴や職業等）によって，身につける価値観やライフスタイルが影響を受け，本人の学歴や職業等に格差が生じるということに注目した社会階層・階級の研究も盛んである。日本では，子供の学力と学習意欲の階層格差を実証的に分析し，戦後日本の学校教育を多角的に論じた苅谷剛彦（2001；2012）による教育社会学の研究が有名である。興味があれば，ぜひ章末の参考文献を手に取っていただきたい。

4 「常識／非常識」と「社会のルール」

　以上のように，「社会のルール」はそれぞれの社会集団によって異なり，私たちに大きな影響を与えているが，普段はあまり自覚されることがない。そのため私たちは，自分が慣れ親しんだ「社会のルール」だけを，「常識」「当たり前」として絶対視してしまいがちである。江戸時代や海外の異文化と違い，時間的・空間的に「近い」距離にある異文化（世代や出身家庭の違い）に対しては，自他の社会的影響を考慮しづらい。それゆえ，世代や出身家庭といった異なる社会的背景に由来する「社会のルール」の違いを，あたかも「個人的な優劣」の問題だと見なしてしまい，自分と異なる「社会のルール」に従う相手を，「非常識」だと非難し否定してしまうことがある。

　しかし，社会学の研究では，私たちのものの見方（認知）・感じ方や考え方

（評価）・行い方や振る舞い方（実践）に「社会のルール」が存在すると考えることで，私たち自身の中深く身体に介在する社会的な影響を研究対象としている。そして，時間軸や空間軸を用いて様々な「社会のルール」を比較することによって，その存在を対象化し分析することができる。そのための分析ツールとして，例えば，アンケート調査と統計データに基づく量的研究や，聞き取り調査（インタビュー）と文書・映像資料等に基づく質的研究が行われている。また，分析枠組みとして，学説史や社会学理論の研究蓄積も豊富である。

　社会学的なパースペクティヴを用いれば，江戸時代や海外の異文化と同様に，現代日本という同じ時代・同じ社会でも，「社会のルール」が異なる「他者」と共存していることに気づくことができる。本章で見てきたように，そうした「他者」との対立や衝突も，相互の「社会のルール」が生まれた社会的背景や理由を知れば，相手との違いを理解し，お互いを受け入れる道が開けるかもしれない。「他者」を知ることは，同時に自分自身を知ることでもある。時間軸・空間軸において多様な「社会」の中に自分を位置づけ，ひるがえって自分の中に「社会」の影響を見出すこと——そうして初めて，私たちは自らの「社会のルール」を理解し，そこから自由になる可能性を見出せるのかもしれない。多種多様な立場の人との交流を通じて，自分以外の人々の見方・考え方に真摯に耳を傾けること。「常識／非常識」だと思いこんでいたそれぞれの「社会のルール」の違いを楽しみ，多様性の豊かさを受け入れること。それらを通じて，新しい可能性を自分自身に開いてみることが可能となるかもしれない。本章の冒頭で記したように，「大学」という新しい学びと出会いの場が，そのきっかけとなることを願っている。

■ 注

1）発酵（納豆）も，腐敗（腐った煮豆）も，「有機物が微生物（カビを含む細菌など）の作用によって変質する現象」という意味では同じである。そのため，両者の違いは本質的なものであるというよりも，人間にとって有用か有害かという文化的なものだと定義づけられよう。詳細は，藤井（2011）等を参照されたい。

2）本章で「社会のルール」と表記したものは，フランスの社会学者ピエール・ブルデューが「ハビトゥス」と定義して理論化したものである。興味を抱いたら，ぜひ参考文献に

載せたブルデューの本（Bourdieu, 1980；1987）を手に取ってみて欲しい。

3）チーズの起源とされる西アジアでは，暑く乾燥した気候のため，保存用に天日乾燥した非熟成チーズが作られた。他方ヨーロッパでは，気候を活かして繁殖させた微生物（カビや乳酸菌）由来の酵素によって，ミルク中の乳タンパク質，乳脂肪，乳糖を分解し，風味の成分へと変質させた「熟成チーズ」を独自に発展させた。日本でも馴染みとなったカマンベールも，白カビを用いた熟成チーズである（平田，2014：66，136-162）。

4）詳細は，サントリー不易流行研究所編（1997）の第 1 章「堅実実直世代」や第 2 章「走りつづける頑張り世代」等を参照されたい。

5）女性が結婚のために退職することを，「寿退社」と呼んで祝った。また，男性の給与水準も，専業主婦と子供を養うのに十分高かった。

6）詳細は，サントリー不易流行研究所編（1997）の第 3 章「ワンランクアップ消費世代」，第 4 章「堅実・安定志向世代」，第 5 章「"体感なきデジタル世代"の登場」等を参照されたい。

7）ただし両親が，1983 年に登場したファミコンに夢中となったコーホート（1970 年代以降生まれ）の場合，ゲーム好きの可能性も高い。

参考文献

Bourdieu, Pierre（1980）*Questions de Sociologie*, Minuit.（＝1991，田原音和監訳『社会学の社会学』藤原書店）

Bourdieu, Pierre（1987）*Choses Dites*, Minuit.（＝1991，石崎晴己訳『構造と実践』藤原書店）

Collins, Randall（1992）*An Introduction to Non-Obvious Sociology*, 2nd Edition, Oxford Univ. Press.（＝2013，井上俊・磯部卓三訳『脱常識の社会学（第 2 版）』岩波現代文庫）

藤井建夫（2011）「発酵と腐敗を分けるもの」『日本醸造協会誌』106（4）：174-182

Harris, Marvin（1985）*Good to Eat*, Simon & Schuster.（＝2001，板坂作美訳『食と文化の謎』岩波現代文庫）

平田昌弘（2014）『人とミルクの 1 万年』岩波ジュニア新書

苅谷剛彦（2001）『階層化日本と教育危機』有信堂高文社

苅谷剛彦（2012）『学力と階層』朝日文庫

小泉武夫（2002）『食と日本人の知恵』岩波現代文庫

三橋淳（2012）『虫を食べる人びと』平凡社

落合恵美子（2019）『21 世紀家族へ（第 4 版）』有斐閣選書

サントリー不易流行研究所編（1997）『時代の気分・世代の気分』日本放送出版協会

渡辺秀樹・竹ノ下弘久編著（2014）『越境する家族社会学』学文社

第 14 章　社会学 II

生まれ落ちる者，生まれ落ちぬ者

―― 2 人のボルタンスキーの交差点――

1 Chance

　ある現代アーティストの作品を紹介することから本章を始めることにしたい。

　その作品が展示されたのは 2011 年，ヴェネツィア・ビエンナーレの「フランス館」においてである。作品のタイトルは『Chance』。作者の名前はクリスチャン・ボルタンスキー。2019 年に彼の大規模な回顧展が日本で行われたので，もしかしたら彼の名前を知っている読者も多いかもしれない。

　フランス文学者の湯沢英彦は作品の様子を次のように描写している。

　　メイン展示室には，工事現場のようなパイプの足組が複雑に組み立てられ，それが天井近くの高さにまで至っている。そのジャングルのなかを，たくさんの新生児の顔を撮影した写真の帯がベルトコンベアーのように高速で走り抜ける。その流れは単線的ではなく，垂直，水平または斜方とかなり複雑な経路をパイプの森のなかでたどる。方向転換を可能にするローラーが様々なところに配置されているのである。写真はポーランドの新聞に掲載された写真入りの出生報告記事からとられたもので，愛くるしい赤ちゃんというよりも，無表情な胎児の面影をまだまだ抜けきってはおらず，どれもが似たり寄ったりで，そのほとんどは目をつぶったままだ。
（湯沢，2019：329-330）

　湯沢が「新生児のベルトコンベアー」（湯沢，2019：329）と呼ぶこの作品に，なぜ『Chance』というタイトルが付けられているのか。それは，この顔写真の帯がベルの音とともに停止する瞬間と関係している。コンピューターによるベルトの周期的な停止によって，胎児の面影を色濃く残した——あるいは「胎児を表象した」と言った方が正確かもしれない——1枚の新生児の写真がモニターに映し出される。まるで生まれるべき存在として選ばれたかのように。あるいは赤ちゃんとしてこの世に生まれ出たかのように。まさにこの子は生まれる「チャンス」を得たのである。他方，モニターに映し出されることのなかった他の一連の顔写真は，「運悪く」（par malchance）生まれるチャンスを得られなかった胎児の存在を示唆する（フランス語の chance には「運」という意味も存在する）。

　それゆえ，新生児の写真が表象する存在は決して一様ではない。モニターに映し出される前の写真，すなわちベルトの停止以前にジャングルのなかを高速で移動する写真が胎児を表象するのに対して，停止後にモニター上にその姿を現す新生児は，「幸運にも」（par chance）生まれるチャンスを手に入れた潜在的な新生児としての胎児，あるいは実際に生まれ落ちた赤ちゃんを表象する。そして，モニターに映し出されることのなかった存在は，チャンスが与えられなかった胎児，その結果出産に至ることのなかった胎児を表象している。それゆえ，この作品は，「新生児のベルトコンベアー」だけでなく，「胎児のベルトコンベアー」という様相も呈している。

　作者であるボルタンスキーによれば，『Chance』は誕生をめぐる「偶然」と「運命」をテーマにした作品であるという（Hatt，2014：63）。なぜ一方は生まれて他方は生まれなかったのか。それは偶然だったのか，それとも運命だったのか。この作品は，宗教的と言ってもいいような問いを我々に突きつける。

　これから読者と一緒に考えていきたいのは，まさにこの人間の「誕生」についてである。人はいかにしてこの世に生まれ落ちるのか。この問いを社会学の観点から検討することを通じて，社会学について，また人間一般について，少しでも理解を深めてもらうことが本章の目的である。

2 ２人のボルタンスキー

　ところで，クリスチャン・ボルタンスキーには４つ離れた兄がいる。社会学者リュック・ボルタンスキーである。実は，弟がこの作品を発表する７年前に，兄は人間の誕生を主題とする本を出版している。タイトルもズバリ，『胎児の条件——生むことと中絶の社会学』である。兄の本と弟の芸術作品との影響関係はよくわかっていない。だが，全くの無関係とも言えないだろう。実際，本の「謝辞」の部分で兄は弟に言及している（Boltanski, 2004＝2018：16）。

　そこで本章では，２人のボルタンスキーの作品を手掛かりにして，上記の目的を達成することにしたい。ただし，『胎児の条件』は専門書ということもあり，お世辞にも初学者にとって読みやすいとは言い難い（あるいは，読みにくいのは訳者である筆者の力量のせいかもしれない）。できるだけわかりやすく要点を伝えるために，本章では『胎児の条件』にみられる独特な表現を極力避け，内容を損なわない程度により簡明な表現に置き換えていくことにする。

　なお，学術論文で同じ著者に言及するときには，１度目はフルネームを，２度目以降は名字のみを表記するというのが通例である。また，ひとつの論文の中で同姓の者が複数いる場合は，２度目以降もフルネームで記載することが多い。この表記法を採用してもいいのだが，本章の主人公は２人ともフルネームがやや長く，それを書き続けると読者に冗長な印象を与えるおそれがある。そのため，若干馴れ馴れしい気もするが，以下兄の方をリュック，弟の方をクリスチャンと表記することにする。

3 子どもをつくる２つの様式

　リュックは子どもをつくるという行為——彼の用語法に従えば「生むこと」——を２つの次元に区分している。

　１つ目は，おそらく多くの読者が「子どもをつくる」と聞いてすぐに頭に思

い浮かべるものである。それは，性的関係を通じて女性の胎内に新たな存在を
到来させるという次元である。この意味での「子どもをつくる」行為によっ
て，生物学的に「ヒト」と規定されうる存在がつくり出されることになる。こ
の 1 つ目の次元は人間を誕生させる上で非常に重要な役割を果たす。実際，ヒ
トではないものを——例えばぬいぐるみを——人間の子どもとして社会に認め
させようとしても，ほとんどの場合うまくいかないだろう。たとえ，それが本
人にとってどんなにかけがえのない存在だとしても。

　だが，生物学的なヒトとして誕生するだけでは，生まれる「チャンス」を手
に入れるのに十分ではない。クリスチャンの作品が示していたように，ベルが
鳴り，モニターに自らの写真が映し出されない限り，新生児——より正確に言
えば，この写真が表象する胎児——はベルトコンベアーの上を旋回するだけで
ある。

　そこで 2 つ目の次元が登場してくる。それは，女性の胎内に到来した存在を
人間社会の成員として積極的に承認するという次元である。一般的に「子ども
の認知」と言われる行為は，こちらの次元に属する。リュックはこの種の承認
を「家族として迎え入れること（adoption）」と比喩的に表現している。よく知
られているように，英語の adoption には「採用」以外に「養子縁組」という
意味がある。手元にある『大辞林』によれば，養子縁組とは，「血統において
は親子でないものの間に，法律上，実の親子と同じ関係を成立させる行為」を
意味する。まさに自らを身ごもる女性との間に親子関係が象徴的に築かれるこ
とによって，胎児は人間社会の中に自分自身の位置を占めることになるのであ
る。

　以上の議論から，リュックは「子どもをつくること」（生むこと）を次のよ
うに定義している。「すでにそこで生きている人びとが住まい，死者の思い出
が取りついている世界の中に位置を占めるようになる新たな人間存在をつくる
こと」（Boltanski，2004 = 2018：42）。

4 2つの人間性

　前節では，リュックが「子どもをつくる」という行為を生物学的／象徴的という2つの次元から捉えていることを確認した。

　リュックはこの2つの次元に基づいて，人間性も2つに区分している。ひとつは，男性との性行為によって妊娠した女性の胎内から生じた限りでの人間，別の言い方をすれば，生物学的に「ヒト」となりうるにすぎない存在である。もうひとつは，儀礼や身振り——例えば，他者の目の前で抱きかかえる，あるいは名前をつけるなど——を通じて，集団の一員として承認され，その中に固有の位置を占めることになる人間である。

　これら2つの人間を，リュックは「取り替え可能／不可能」というカテゴリーによって特徴づけている。彼によれば，「かけがえのない」存在として承認されれば，たとえ生まれる前の胎児であってもその存在のために「名前」が選ばれるであろうし，もし亡くなったり殺されたりした場合は，「他で埋め合わせる」のが著しく困難な損失と見なされることになるだろう。反対に，「取り替え可能」な胎児とは次のような形で表現される。「たとえ今生まなくても，またいずれ別の子どもを妊娠することができるだろうし，そのときに生めばいい」。このとき，女性の胎内にいる存在は「厄介払い」の危険にさらされることになる。

　胎児を「取り替え可能／不可能」というカテゴリーで捉える視座は，クリスチャンの作品でも共有されている。先に引用した湯沢は次のように述べている。「高速でパイプのジャングルのあいだをまわっているあいだは，一つひとつの顔を区別することは難しいし，彼らはまだ人として生まれていない」（湯沢，2019：332）。パイプの足場の間を高速で移動する胎児たちは，識別可能な顔を持たない。これらの存在はひどく似通ったものとして，その意味で取り替え可能なものとして，我々の前を通り過ぎていく。反対に，ベルが鳴り，モニターに顔が映し出されると，その胎児は固有な存在として現れる。彼／彼女は顔を回復したのである。あるいは，「顔が与えられた」と言った方が正確かも

しれない。このように，『Chance』において「人として生まれる」とは，識別可能な顔を手にすること，あるいはそれを通じて個別性を獲得することと不可分の関係にあるものとして描かれている。だが，ローラーが再び高速で回転し始めると，モニターに映る存在は識別困難な状態に戻る。まるでその個別性に対する問いが再び切り開かれてしまったかのように。

5 　2 つの人間性が分離するとき

「首尾よく形成された人間」となるためには，生物学上のヒトになるだけでなく，その個別性（かけがえのなさ）も認証されなければならない。だが，人間性を構成するこの生物学的側面と象徴的側面が分離するケースが存在する。

1 つ目は，生物学的には人間だが象徴的にはその人間性が認められていないというケースである。その典型的な例として，リュックは「嬰児殺し」，つまり生まれて間もない子どもの殺害を挙げている。彼によれば，嬰児殺しは一般的に次のような形で行われるという。

> 　出産は，公的な集団生活が営まれているところから切り離された，辺鄙な場所で行われる。助産婦は，彼女と近い関係にある女性たちに囲まれ，男性は遠ざけられる。殺害は，母体から新生児が出た直後に行われ，しばしば窒息が手段として用いられる。この行為に伴って，生から死への移行に関する儀式が行われることは全くない。子どもの身体を消すことだけが行われる。公的生活から離れたところで行われるため，このような殺害は正当化される必要がない。人びとは，まるで子どもが生まれなかったかのような，したがって，殺害が行われなかったかのようなふりをする。殺害された新生児は，集合的記憶の中にいかなる痕跡も残さない。殺害された新生児は肉でしかないのである。(Boltanski, 2004＝2018：72-73)

これとは反対に，象徴的にはその人間性が認められているが，ヒトとしての

生物的基盤を持たないというケースも存在する。リュックは，『王の二つの身体』の著者で知られる歴史学者エルンスト・カントロヴィチの議論や，両親によって望まれた「生まれてくるべき子ども」だけに人間性と権利を付与することを主張した法学者マルセラ・イアキュブの議論を参照しながら，この２つ目のケースを例証しているが（Boltanski, 2004＝2018：78-79），ここでは彼の言及していない事例を取り上げてみよう。それは，死者，とりわけ集合的記憶に痕跡を残し続ける死者である。死が到来し，肉体を失った限りにおいて，この存在は生物学的なレベルにおいては人間として存続していない。だが，その存在のために何らかの儀式が行われたり——例えば四十九日の法要——，あるいはその存在を思い出して涙を流す人びとが存在したりする限りにおいて，この存在は象徴的なレベルでは生き続けている。死者は死を迎えたからといって存在をやめるとは限らない。ここで我々はクリスチャンの有名な言葉を思い出すことができる[1]。「人は２度死ぬと言われる。１度目は実際の死。２度目は写真が発見されても，それが誰かを知る人がいないときだ」。１度目の死を迎えても２度目の死は迎えていない人間，これこそこの２つ目のケースの範例と言えるだろう。

6 区別の制約／差別禁止の制約

　これまで我々は次の３点を確認してきた。「子どもをつくる」という行為には「生物学的／象徴的」という２つの次元が存在すること，それに応じて人間性も２つの次元に区分できること，そして，２つの人間性の次元が分離するケースが存在すること，この３点である。

　さて，リュックによれば，以上のように理解される「子どもをつくる」という行為が成立するためには，次の２つの制約が満たされなければならないという。

　１つ目の制約は「区別の制約」と呼ばれる。これは，単なる性的関係の産物と，家族として象徴的に迎え入れられる存在を区別せよという制約である。実

際，このような区別を前提としなければ，性的関係を通じて胎内に到来した存在の中から認知されるべき子どもを選び出すという行為は，成立しえないだろう。

　では，両者の区別をつけるためにはどうすればいいのだろうか。この点に関してリュックはいくつかの条件を提示しているが，ここではそのうちの 2 つを取り上げたい。

　1 つ目の条件は，「子どもをつくる」過程に「中絶の可能性」が介在していなければならないというものである。なぜこの条件が必要となるのか。それは，家族として迎え入れるという行為が意味を持つためには，そもそも家族として迎え入れない可能性——すなわち中絶する可能性——が存在していなければならないからである。これは，テストで合格するという行為が意味を持つためには，不合格になる可能性が存在しなければならないのと似ている。実際，誰も落ちないテストで「合格」しても，そのことを称賛する者は誰もいないだろう。

　それゆえ，妊娠から出産に至るまでの過程は決して宿命的であってはならない。この点にリュックは人間の生殖過程と動物のそれとの違いを見ている。中絶を知らない動物の場合，「子どもをつくる」過程は発情がきっかけとなって始まり，ひとたび妊娠が起きれば，何らかのアクシデントがない限り，そのまま出産へと至ることになる。そこには，生の生物学的形態と象徴的形態を区別する契機は存在しない。リュックは，このような「区別の制約」の無視の中に，動物的な生の特徴を見ている（Boltanski, 2004＝2018：248）。

　2 つ目の条件は次のように表現される。女性の胎内に到来した存在の中から「かけがえのない我が子」として承認される存在を選び出す作業は，「無知のヴェール」の下で行われなければならない。「無知のヴェール」とはこの場合，胎児の生物学的特性について何もわかっていない，あるいはそれを考慮に入れないという事態を意味する（近代科学が発達する以前は，胎児は「未知の存在」であったことを思い出そう）。言い換えれば，胎児の選別が行われるとしても，それは選別を行う者の「恣意的な」判断の下で行われなければならない。なぜ

なら，胎児の生物学的特性の違いに基づいて選別が行われてしまえば，既存の
生物学的特性の違いを延長することにしかならないからである（それゆえ，た
とえ承認による差異が導入されても，その差異は，先在する胎児の生物学的特性の
差異に対して二次的なものにしかならない）。この場合，生物学的特性を異にする
2つの存在の区別をつけることはできても，「生物学的／象徴的」という区別
を純粋なものにすることはできない。それゆえ，単に生物学的に「ヒト」とな
りうる存在と，その人間性が象徴的に認められる存在を純粋に区別するために
は，前者から後者を選び出す作業は，前者の特性に依拠してはならないのであ
る。

　ここまでの話をまとめよう。単なる性的関係の産物と，その個別的性格が認
証された人間との区別が純粋につけられるためには，胎児の選別過程は運命に
よって支配されてはならず，中絶という選択が可能でなければならない。さら
に，この選別は，胎児の生物学的特性に依拠してはならず，それゆえ恣意的に
行われなければならない。だが，運命によって決められてはならないというこ
とは，胎児の選別が別様でありえたことを意味する。また，「恣意的な」
（arbitraire）判断に基づかなければならないということは，選別を行う「裁定
者」（arbitre）が異なれば選別の結果も異なってくることを意味する。これら
の事実は，ある問いへと我々を導く。「なぜ他ではなくこの子なのか。なぜこ
の子なのか」（Boltanski，2004＝2018：409）。どの胎児も認証される可能性があ
ったはずなのに，なぜ一方の胎児には生が許されて，他方の胎児には死という
不可逆的な仕打ちが与えられなければならなかったのか。これほどまでの不平
等な扱いをどうやって正統化することができるというのか。これら一連の問い
かけによって表現される制約を，リュックは「差別禁止の制約」と呼ぶ。彼
は，同僚と行った女性へのインタビュー調査を通じて得られたある語りの中
に，この制約の痕跡を見出している。

　　二五歳のときに中絶をしたあと，結婚をして，子どもを一人産んだウル
　ディアは，二度目の妊娠について次のように語った。「全体的に見れば，

非常に良い妊娠だったと思います。全て順調に進みましたし，問題が起き
ることもありませんでした。なので，私はすぐに安心しました。医者に対
しても，医療技術に対しても，不安を感じることはありませんでした。で
すが，同時に私は罪悪感を感じていました。『そう，この子が生まれてく
るためにあらゆる手段を講じているのに，あの子に対してはチャンスをあ
げなかったのかもしれない』と思っていたのです。……一人目については，
それを追い出すためにあらゆる手段を講じました。でも，二人目について
は，私はここにいて，その子を守るために，その子が健康になるためにあ
らゆる手段を講じているわけです。なので，それについて考えざるをえな
いのです。なぜなら，基本的に感覚は同じものだからです」。(Boltanski,
2004＝2018：409-410)

　クリスチャンの『Chance』は，矛盾するこの 2 つの制約を表現した作品と
解釈することができる。一方で，人間に固有の「生む」という行為——性的関
係を通じて女性の胎内に到来した存在の中から，「かけがえのない我が子」と
して承認される存在を選び出すという行為——について語るためには，そもそ
も生まれる「チャンス」を得る胎児と得られない胎児との区別をつけることが
可能でなければならない。1 枚の新生児の写真がモニターに映し出される瞬間
は，まさにこの区別とその可能性を表象している。だが，他の多くの写真，つ
まり「運悪く」——なぜなら，コンピューターによる選別は，写真に写る存在
の生物学的特性とは関係なく，恣意的に行われるからである——パイプの森を
高速で移動し続けることになった多くの存在の写真は，我々に次の問いを突き
つける。なぜこの子たちではだめだったのか。なぜあの子でなければならなか
ったのか。選別を知らせるベルが鳴るとき，我々は「区別」と「差別禁止」と
いう 2 つの制約の狭間に置かれることになる。

7 権威と権力

　前節では，2人のボルタンスキーがそれぞれのやり方で，人間の生殖過程の中心に2つの矛盾する制約——区別の制約と差別禁止の制約——の存在を認めていることを確認した。

　もしも彼らの分析が正しいとすれば，次に問わなければならないのは，2つの制約の間で生じるこの種の緊張がいかにして緩和されるのか，である。というのも，現実の女性を見てみればわかるように，妊娠のたびにこの種の矛盾がいつも同じ強度で顕在化しているわけではないからである。もしそうであれば，妊娠から出産に至る過程は，常に悲劇的な性質を帯びるものとなっているだろう。

　この問いに対するひとつの回答を提示するために，リュックは「権威」という概念に訴えている。彼は権威を次のように定義している。「権力が力の適用という行為を示しているのに対し，権威は，その力の適用を正統化する力を指示している」(Boltanski, 2004＝2018：84)。本章の議論で言えば，「権力」は自分の胎内にいる存在を承認する／しないという行為に相当し，「権威」はこの行為にいわば「お墨付き」を与える力に対応する。そして，リュックによれば，このような「お墨付き」によって，上述の矛盾は，完全になくなるわけではないにせよ，ある程度縮減されることになる。それでは，一体誰がこの種の「お墨付き」を与えるのだろうか。

　ヒントとなるのは，リュックによる次の指摘である。権威は，権力と異なり，行為者にもともと備わっているものではなく，他者からの「譲渡によってしか獲得されない」(Boltanski, 2004＝2018：84)。卑近な例で恐縮だが，筆者自身を例にしてこの点について説明してみよう。筆者は教育を生業としているため，学生を「ふるいにかける」機会がよくあるのだが，このような権力行使に対して学生からクレームを申し立てられることは（今のところ）ほとんどない。反対に，もし同じクラスにいる1人の学生が筆者と同じように合否の判定を下せば，たとえその学生が他の学生よりどんなに秀でているとしても，「な

ぜお前が？」と他の学生から総ツッコミを受けることになるだろう（ただし，その学生が目に見えて筆者よりも優秀である場合，状況は異なってくる）。この学生と筆者との違いは，権力を行使する力の有無にあるのではない。実際，その精度はどうであれ，学生も採点をし，成績をつけること自体はできる。そうではなく，その権力行使を正統なものと認めさせる権威を持っているかどうかの違いなのである。ところで，筆者は生まれつきこのような権威を持っているわけではない。少なくとも，当該教育機関に採用される以前はそのような権威を持ってはいなかった。採用時に教育機関から権威（autorité）が譲渡されることで，筆者は学生の選別を正統化できるようになったのである。別の言い方をすれば，筆者は選別を行うときにはいつでも，自分の所属する教育機関を「後ろ盾にしている（s'autoriser）」のである。

　同様のことは，胎児を身ごもる女性にも言える。女性は，胎内にいる存在を家族として象徴的に迎え入れる／迎え入れない力は持っている。だが，その行為を社会的に正統なものとして人びとに認めさせるのに必要となる権威を，生まれつき持っているわけではない。それゆえ，自らの権力行使を正統化するためには，女性は権威をもつ他者を「後ろ盾」にしなければならない。では，その他者とは一体誰なのか。

8 「権威の他者」の諸類型

　前節では，「区別の制約」と「差別禁止の制約」の間で生じる緊張を和らげる役割を果たすものとして，胎児の認証行為に正統性を付与する「権威」の存在を指摘した。さらに，それを保持する他者とは一体何者なのかという問題提起を行った。

　この問いに対する答えとして多くの読者が真っ先に思い浮かべるのは，おそらく「父親」なのではないだろうか。この場合の父親とは，妊娠をした女性の父親だけではない。女性が身ごもっている胎児の父親と見なされる男性も該当する。確かに，とりわけ家父長的要素の強い社会であれば，父親の意向を無視

して「生む／生まない」の選択を行うことは難しいだろう。だが，あらゆる社会が家父長的であるわけではないし，この父親自身も，自分よりも家系の上位に位置する別の存在から権威を受託しているに過ぎない。言い換えれば，父親も別の権威の他者を後ろ盾にしているのである。

リュックによれば，このように権威の贈与者を遡っていくと，多くの場合「虚構の存在——祖先，集合体，神など——に辿り着く」(Boltanski, 2004＝2018：112)。彼はこの点を次のように表現している。「日常的な人間ではない存在に準拠することが，人間社会で生むことを正統なものにする一般的な特徴であると考えたい」(Boltanski, 2004＝2018：115)。つまり，彼の仮説によれば，生むという行為に「お墨付き」を与える「権威の他者」とは，我々と同じような日常生活者ではなく，諸個人に外在する虚構の存在なのである。

リュックは，出産の正統性 (légitimité) を枠づけるこの種の他者として，以下の4つの類型を提示している。

(1)「創造主」：肉の中に到来する存在はみなすでに認証されている
(2)「親族」：嫡出性 (légitimité) の有無
(3)「産業国家」：社会的有用性の有無
(4)「親となるプロジェクト」：パートナーとの間で子どもの将来について長期的なプロジェクトが立てられるかどうか

例えば，親族の場合，婚姻関係 (union légitime) を通じて生まれた嫡出子 (enfant légitime) である限りにおいて，親族のネットワークの中に個別的な位置が用意される。反対に，私生児 (enfant illégitime) として生まれる運命の胎児については，「お墨付き」の対象から外れ，いわばそこからやっと出たばかりの無へと再び引き寄せられることになる。同様のことは，科学という特殊な知に基づいて将来の社会的有用性が期待できないと予測された胎児（産業国家），子どもを生み育てる長期的プロジェクトの外部で生まれた胎児（親となるプロジェクト）にも当てはまる。

　リュックは4つ目の類型の存在を，女性の次のような語りの中で確証している。

　　　レイラは，どのような条件であれば子どもをもっても良いと思えるかについて話をしてくれた。「私に子どもをつくる気にさせるものがあるとして，それがとりわけ子どもが欲しいという欲求であるかどうかはわかりませんね。子どもが欲しいと思うことはあります。でも，それはほとんど思いつきのようなもので，新しい車が欲しいとか，新しい洋服が欲しいと同じようなものなんです。ですけど，それでももし，この人であれば将来の計画を立てることができると思えるような人と本当に出会うことがあれば，そのような欲求をもつかもしれないなとは思います」。(Boltanski, 2004＝2018：170-171)

　リュックは「親となるプロジェクト」を，中絶の非処罰化以降のフランス現代社会を特徴づける「権威の他者」と捉えているが，彼の分析が日本の現状にどこまで当てはまるのか，ぜひ考えてみて欲しい。

9 ｜ 胎児の条件とは人間の条件である

　本章は，2人のボルタンスキーの作品を手がかりとしながら，人はいかにしてこの世に生まれ落ちるのかという問いに取り組んだ。この問いに対して，我々は今や次のように答えることができる。性的関係を通じて女性の胎内に到来することは，この世に生まれ落ちるための必要条件ではあっても十分条件ではない。人間社会への到来を確実なものとするためには，かけがえのない存在として他者から承認されることが必要になってくる。だが，この承認は何の制約もなく自由に行われるわけではない。一方で人類学的レベルに位置する制約——区別の制約と差別禁止の制約——が，他方で集合的レベルに位置する制約——この種の承認を正統化するためには「権威の他者」を後ろ盾にせよという

制約——が，この行為に課せられている。こういった制約の下で，「子どもを
つくる」という行為は行われているのである[2]。

　以上の議論から，社会学と人間一般の特徴について何が言えるだろうか。こ
の点を確認することで本章を閉じることにしよう。

　社会学についてはいくつも指摘できるだろうが，ここでは記述のスタイルに
関する特徴を挙げておきたい。リュックは，「生む／生まない」という一見す
ると純粋に個人的な選択のように見えるものの中に，その選択を方向づける超
個人的な何かを突き止めようとした。2つの矛盾する制約と「権威の他者」が
その「何か」であったわけだが，社会学には他に，このような記述のスタイル
を使った代表的な仕事として，社会の中に到来する者——胎児——ではなく，
社会の外へと出ていく者——自殺者——を対象にした古典的著作がある。もし
本章を読んで社会学に興味を持った読者がいれば，エミール・デュルケムの
『自殺論』を読んでみて欲しい。この本を読めば，自殺という最も個人的な行
為でさえ，諸個人に外在する何かとの関わりなしに行われるわけではないこと
がわかるだろう[3]。

　人間一般についてはどうだろうか。リュックは——そしてクリスチャンも
——，「取り替え可能／不可能」という2つの存在様態から胎児を捉えていた。
また，「かけがえのない人間」としてこの世に生まれ落ちるためには，胎児は，
母親という具体的な他者にせよ，「権威の他者」という虚構の他者にせよ，他
者からその個別性を認証されることが——クリスチャンの作品で言えば，コン
ピューターによって選ばれ，モニターに顔が映し出されることが——必要であ
る点も強調していた。リュックは，『胎児の条件』の末尾に「なぜなら，胎児
の条件とは，人間の条件だからである」(Boltanski，2004＝2018：461) と記し
ているが，胎児についてのこのような理解はおそらく我々にも当てはまる。実
際，この世に生を受けた我々であっても，ひとたび取り替え可能な存在と見な
されれば，容易に社会の周縁部へと追いやられ，諸々の権利を奪われる可能性
が——場合によっては死の可能性が——ある。その意味で，我々も，胎児と同
様に，「取り替え可能／不可能」の狭間に生きていると言える。

　人は他者からの認証なしに自らの生を享受することはできない。このことを
2 人のボルタンスキーは教えてくれる。

▌注

1 ）クリスチャンはいろいろなところでこの種の表現を使用している（Bourmeau, 1998；
　　黒沢 2016）。
2 ）紙幅の制約上，本章では胎児が母親にもたらす制約については論じられなかった。この
　　点について興味があれば，『胎児の条件』の後半部分を参照して欲しい。
3 ）リュックとデュルケムとのこのような比較は，ブルーノ・カルサンティの論文から着想
　　を得ている（Karsenti, 2005）。

参考文献

Boltanski, Luc （2004） *La condition fœtale: Une sociologie de l'engendrement et de l'avortement*, Paris; Gallimard.（＝2018, 小田切祐詞訳『胎児の条件――生むこと と中絶の社会学』）

Bourmeau, Sylvain （1998） "Christian Boltanski / Jacques Roubaud: Nous nous souvenons," *Les Inrockuptibles*, （Retrieved October 16, 2019, https://www. lesinrocks.com/1998/07/01/musique/concerts/christian-boltanski-jacques-roubaud-nous-nous-souvenons/）

Hatt, Etienne （2014） "D'autres vies que la mienne," in *Les grands entretiens d'artpress : Chritian Boltanski*, Basse-Normandie; Institut mémoire de l'édition contemporaine: 58-78.

Karsenti, Bruno （2005） "Arrangements avec l'irréverisble," *Critique*, 695: 321-336.

湯沢英彦 （2019）『クリスチャン・ボルタンスキー――死者のモニュメント（増補新 版）』水声社

黒沢綾子 （2016）「ボルタンスキー，歴史的空間で個展――亡霊たちのささやきが聞 こえる」産経新聞ホームページ，2016 年 11 月 10 日付（https://www.sankei.com/ life/news/161110/lif1611100006-n2.html）（最終アクセス 2019 年 10 月 16 日）

あとがき

　今日の大学教育における限られた履修科目数と専門科目に偏重せざるをえない現状に鑑み，我々は大学における一般教養科目の教育実践について模索してきた。昨今の「主体的学び」「アクティブラーニング」等，大学教育をめぐる多様な改革が進められている一方，オーソドックスな教養教育のあり方をも検討してきた。もろもろの制約下で，例えば「政治学」「経済学」等の科目を個別に配置できず，やむなく「政治・経済」という科目で代用している大学も珍しくない。また今日に至るまで，ほぼすべての大学の一般教養科目は，選択科目制を敷いている。教える側は，学生がシラバスを参考にして履修科目を選択する機会を与えられているので，科目の選択は学生の自主性に任せれば良いと放任しがちである。しかし，学生がシラバスに記載されている事柄を十分認識して履修選択を行うための初年次教育こそが今，求められているのではないか。

　こうした問題意識から，神奈川工科大学の基礎・教養教育センターの人文社会系列は，2011年度の新教育体系の導入に伴い，教養教育の充実を図るため共通基盤教育の中で人文社会系科目の教育を体系化した。具体的には，「哲学」「文学」「心理学」「政治学」「経済学」「法学」「社会学」から構成される7つのコア科目を教授するため，1年次生向けに「現代社会講座」という名称の一般教養科目を必修科目として設置した。その目的は，学生がこの講義を聞いて諸学問の内容を認識し，上位学年で配置されている人文社会系の30数科目からなる教養科目群の中から興味を抱いた科目を選択してもらうためである。「現代社会講座」の具体的運営にあたっては，2系列7名ずつの教員が各自の専門とするコア科目の講義を担当する体制をとっている。学生は同一の教室で受講し，各教員が7教室を回り，2回ずつのオムニバス形式により14回の講義を行っている（初回のオリエンテーションを含め全15回の講義）。

　学生との接触で日々懸念させられることは，今日の学生は社会的かつ政治的見識が希薄になってきていないかということである。その理由には，社会問題

を認識する上で重要な教育が軽視され形骸化されてきたことがあるのではないだろうか。18 歳への選挙権年齢引き下げに伴い，学生が本書を拠り所としてシチズンシップ教育により啓発され，一層の社会的かつ政治的参加にと心掛けてくれれば幸いである。本書は，大学の教養教育のミニマム・リクアイアメントを網羅して準備されたものであり，もとより諸科学の根底には，哲学が存在していることを十分意識して執筆されている。本書の構想に基づく教養教育の試みとその成果は，2016 年度の大学教育研究フォーラムで発表したところである（尾崎・三浦・師玉「理工系・医系大学における理想的教養教育の実践」2017年 3 月，京都大学）。

　最後に，本書初版の企画は，尾崎正延・現神奈川工科大学名誉教授と三浦が2015 年に起案し，今回の改訂も神奈川工科大学の常勤及び非常勤の教員の協力を得て実現したものである。各自，時間的制約の下，共著の形態で一冊の書籍が完成を見たことは幸甚である。難しい企画にもかかわらず，改訂版の刊行に快く賛同して頂いた学文社の田中千津子氏には，この場をお借りして厚く御礼を申し上げたい。

2020 年 1 月

編者一同

現代社会を読み解く知〈第2版〉

2016 年 9 月 20 日　　第 1 版第 1 刷発行
2018 年 1 月 31 日　　第 1 版第 2 刷発行
2020 年 1 月 31 日　　第 2 版第 1 刷発行
2020 年 12 月 25 日　　第 2 版第 2 刷発行

編著者　三　浦　　直　子
　　　　師　玉　　真　理
　　　　小田切　　祐　詞

発行者　田　中　　千津子

発行所　株式
　　　　会社　学　文　社

〒 153-0064 東京都目黒区下目黒 3-6-1
電話　03（3715）1501（代）
FAX　03（3715）2012
https://www.gakubunsha.com

印刷所　シナノ印刷（株）

ISBN 978-4-7620-2946-2